enjoy your life

christian henze

enjoy your life

kochen, essen, genießen ...

KOSMOS

enjoy your life

enjoy your life

Finale bei der Fotoproduktion auf Mallorca. Die Glut fürs Strandlagerfeuer ist geschürt, die Scampi liegen bereit und der Pinot Grigio hat die perfekte Temperatur. Nur noch fünf Minuten, dann steht die Abendsonne genau richtig. Und auf einmal ist er weg. Christian Henze, Sternekoch, Landhaus-Chef, Kochschuldirektor, Buchautor, Fernsehstar und jetzt vor allem Fotomodell in eigener Sache – einfach weg. Warum? Wohin? „Ach", grinst einer seiner Köche beim Muschelnputzen, „der ist auf jeden Fall am Platz, wenn's drauf ankommt." Und tatsächlich, da kommt er auch schon barfuß durch den Sand: „Ich war mal kurz auf einen Espresso an der Bar da hinten. Hey, das ist ja perfekt hier! Legen wir los, oder?"

Auf der Suche nach dem Genuss

Es hat eine Weile gedauert, bis ich bei der Arbeit an diesem Buch verstanden habe, was Christian Henze damit meint – „enjoy your life!" Ein Urlaubs-Slogan als Lebensmotto von jemandem, der praktisch jeden Tag arbeitet und selbst in der Espressopause noch am Handy ist? Wo steckt denn da der Genuss, Christian Henze?

„Schau", sagt er mit einem Lächeln und beugt sich ein wenig vor, „für manche ist mein Leben einfach nur Stress. Für mich ist es schlicht ein volles, ein reiches Leben. Ich habe den tollsten Job gefunden, den ich mir vorstellen kann, habe ein Superteam und eine wundervolle Familie und ich komme dauernd mit Leuten zusammen, die interessant sind. Und ganz viele davon kann ich wenigstens für eine Weile richtig glücklich machen. Das ist für mich das Höchste, das genieße ich total, jede Minute."

Aber irgendwann muss doch trotzdem mal Pause sein? „Na klar, und die gebe ich mir dann auch in vollen Zügen – ob ich nach dem Auftritt in einer neuen Stadt die Nacht zum Tag mache oder mit meiner Familie bei einem Ciabatta mit Taleggio auf unserer Terrasse sitze."

EIN PERFEKTER
SOMMERSONNTAG

Sonntagabend im Restaurant Henze. Draußen im Allgäu geht ein leuchtender Spätsommertag zu Ende, durch die offene Tür des Restaurants weht die letzte warme Luft des Jahres hinein. Pia Henze serviert das Tapas-Menü: fünf Gänge, 15 kleine Gerichte, die sich untereinander perfekt ergänzen – die gratinierte Jakobsmuschel mit dem Elixier von Strauchtomaten ebenso wie der Scampo auf Vanille-Peperonata mit dem gegrillten Branzino in Vinaigrette. Als wir vor zehn Jahren an Christian Henzes erstem Buch arbeiteten, war ich zum ersten Mal hier zum Essen und war dann lange weit weg. Schon damals schmeckte es sehr, sehr gut, eines Michelin-Stern würdig. Aber jetzt – ganz klar, ganz leicht, sehr harmonisch und mit dem ganz persönlichen Stil eines Kochs, der sein Leben genießt. Was ist da passiert?

zwischen München, Gstaad, St. Tropez und Palm Springs hin und her, organisiert die Küche, Mittagessen gegen drei Uhr, Abendessen um neun und immer wieder auch mal ein großes Fest. Dazwischen war Zeit, die Gegenden und ihre Menschen kennenzulernen.

Was Christian Henze damals auch lernte: Man kann sein Leben nur dann voll genießen, wenn man es auch gestalten kann. Deswegen entschied er sich 1995, es selbst in die Hand zu nehmen und eröffnete mit seiner Frau Pia das „Landhaus Henze" in Probstried. Sein Ziel: unter anderem ein eigenes Kochbuch und ein Michelin-Stern. Die Startphase: rasant. Schon zwei Monate nach der Eröffnung gab es Engagements im Bayerischen Rundfunk und danach im Fernsehen. 1998: das erste Buch. September 1999: Der Feinschmecker nominiert ihn zum „Aufsteiger des Jahres". November 1999: das Landhaus bekommt seinen ersten Michelin-Stern, den es bis heute hat; und ist bundesweit auf Rang 18 der besten Restaurants.

„Keine Frage, ich hatte eine wirklich gute Lehrzeit. Und auch die besten Lehrmeister, die man sich vorstellen kann. Aber damals habe ich nur gearbeitet und gearbeitet, es gab keinen echten, persönlichen Genuss in meinem Leben. Bis mich Gunther Sachs angesprochen hat, der auf der Suche nach einem Privatkoch für seine Familie war."

Der Michelin-Stern – und weiter geht's

Der Stern – ein Höhepunkt im Leben von Christian Henze? „Auf jeden Fall – für jeden Koch in der Spitzengastronomie ist es ein totales High, wenn die Nachricht vom ersten Stern kommt. Und es ist auch ein Wendepunkt: Der Lohn für die harte Arbeit bis dorthin, ein Türöffner für viele neue Aufgaben und ein Ansporn, täglich sein Bestes zu geben."

Was ja nicht immer ein Genuss sein muss ...
„Ja, vor allem am Anfang hab ich mich da schon verkrampft, wollte mit Gewalt kreativ sein und dachte, Genuss muss immer ganz teuer und exklusiv daherkommen."

Mit Gunther Sachs das Leben entdecken

Was folgten, waren zwei Jahren, die Christian Henze bis heute prägen – getreu dem Motto „Die Dinge nehmen, wie sie kommen und daraus dann das Beste machen, das geht". Mit 22 Jahren reist er mit der Familie Sachs

Und wie hat sich das geändert?
„Ich habe einfach auf meine Gäste geachtet – im Restaurant, bei meinen Kochshows oder in meiner Kochschule, die ich 2004 in Kempten eröffnet habe. Wenn ich da im Sommer von einer Schale sonnenwarmen Erdbeeren mit cremigem Vanille-Eis erzähle, dann sind die Leute hin und weg – und wollen das genau so auf dem Teller haben und nicht molekular verändert oder in zehn Variationen."

Und im Landhaus Henze gibt's dann auch Erdbeeren mit Vanille-Eis zum Nachtisch?
„Na ja, das gewisse Etwas gibt es bei mir immer noch dazu, einen hausgemachten Minzsirup zum Beispiel oder meinen Grappa-Milchschaum. Aber richtig frische Sachen so einfach wie möglich zubereitet – was soll ich da noch besser machen wollen? Warum eine Seezunge filetieren, häuten, rollen, soufflieren? Warum sie nicht einfach auf den Punkt grillen und am Tisch mit einer mediterranen Vinaigrette marinieren? Dann schmecke ich doch so richtig, wie fein dieser Fisch ist."

„Relaxte Spitzengastronomie" nennt Christian Henze das, und die kommt bei seinen Gästen im Landhaus ebenso gut an wie bei den Zuschauern seiner Fernsehshows, für die er die Ansprüche natürlich etwas einkocht. Denn das ist ja für ihn das Schöne an dieser entspannten Art zu kochen – die besten Produkte zu nehmen und nur ihren Qualitäten zu folgen, dann kann ein Tramezzini mit Mozzarella genauso super sein wie eine Focaccia mit Rinderfilet-Tatar und Trüffelremoulade. Womit wir bei diesem Buch wären …

Sebastian Dickhaut

„Die Natur, gutes Essen, nette und interessante Menschen, die Fähigkeit, schöne Dinge im Leben zu erkennen, und sei es der Vollmond in einer sternenklaren Nacht – das ist für mich Genuss, Lebensart pur!"

MEIN LEBEN, MEINE KÜCHE, MEIN BUCH

„Ich wollte hier einfach das alles zusammenbringen, was meine Art zu leben und zu genießen ausmacht: die Lust am Kochen, an klasse Produkten, die Freude am Kombinieren von starken Aromen und der Spaß, das alles in einer guten Atmosphäre zu genießen – garniert mit ganz viel südlichem Lebensgefühl, das mir einfach liegt. Ihr könnt hier ganz einfache, aber tolle Sachen finden wie mein Chili-Rührei zum Frühstück, aber auch Exklusives, wie meinen gegrillten Vanille-Hummer. Nur Langweiliges und allzu Kompliziertes und Zeitaufwendiges findet ihr hier nicht. Denn das ist das Wichtigste: Zeit haben zu leben, Zeit für die schönen Dinge des Lebens, sich auch über Kleinigkeiten freuen, bei einem Espresso neue Ideen spinnen – enjoy your life!"

GUTEN MORGEN,
SCHÖNER TAG

...FRÜH-
STÜCK

KNUSPRIGES ROSMARINRÖSTI
MIT ORANGENLACHS

Die Orange heiß waschen, die Schale dünn abreiben und den Saft auspressen. Orangensaft und -schale mit Dill, Honig, Ahornsirup, Zucker und Salz mischen. Den Lachs mit der Marinade einreiben, in Frischhaltefolie wickeln und über Nacht in den Kühlschrank legen.

Die Kartoffeln schälen und raspeln, in einem Küchentuch gut ausdrücken und mit Rosmarin, Salz und Pfeffer würzen. Öl in einer Pfanne erhitzen. Aus der Kartoffelmasse 4 dünne Rösti auf beiden Seiten goldbraun braten. Auf Küchenpapier entfetten und im Backofen (bei 80 °C) warm stellen, bis alle fertig sind.

Das Lachsfilet aus der Folie wickeln, mit einem scharfen Messer schräg in dünne Scheiben schneiden und auf den Rösti anrichten. Den Lachs eventuell noch mit der restlichen Marinade beträufeln.

ZUTATEN FÜR 4 PERSONEN

1 Bio-Orange
2 EL frisch gehackter Dill
1 EL Honig
1 EL Ahornsirup
1 1/2 EL Zucker
1/2 TL Salz
250 g frischer Lachs mit Haut
2 große Kartoffeln
1 Rosmarinzweig
Salz, Pfeffer
8 EL Olivenöl

Zubereitungszeit: 35 Minuten
Marinierzeit: ca. 12 Stunden

SCHOKO-HONIG-MUFFINS
MIT KARAMELLISIERTEN PINIENKERNEN

Den Backofen auf 180 °C vorheizen. Das Muffinblech fetten und mit etwas Mehl bestäuben oder mit Papierförmchen auskleiden. Die Pinienkerne mit Zucker in einer Pfanne karamellisieren. Herausnehmen, abkühlen lassen und klein hacken.

Die Schokolade grob hacken. Die Butter über dem Wasserbad schmelzen und die Schokolade darin unter Rühren auflösen. Etwas abkühlen lassen.

Währenddessen die Eier mit Vanillezucker schaumig schlagen. Mehl sieben und mit dem Backpulver unter die Eimasse rühren. Die Butter-Schoko-Mischung, Honig und Pinienkerne unterziehen.

Den Teig in die Muffinförmchen füllen und ca. 20 Minuten backen. Herausnehmen, auskühlen lassen und aus der Form heben.

FÜR 6 MUFFINS

80 g Pinienkerne
1 EL Zucker
150 g weiße Kuvertüre
100 g Butter
3 Eier
3 Päckchen Vanillezucker
125 g Mehl
1 TL Backpulver
3 EL Honig
etwas Butter und Mehl für das Muffinblech

Zubereitungszeit: 25 Minuten
Backzeit: 20 Minuten

TIPP
Statt mit weißer Kuvertüre kann man die Muffins auch mit 100 g Zartbitterschokolade und 50 g Vollmilchschokolade zubereiten.

GOURMET-PANCAKES
MIT MASCARPONE UND ERDBEEREN

ZUTATEN FÜR 4 PERSONEN

2 Eier
2 EL Zucker
1 Prise Salz
1 Vanilleschote
150 ml Milch
100 g Mascarpone
2 TL Backpulver
200 g Weizenmehl
200 g Erdbeeren oder Walderdbeeren
Puderzucker
4 EL Ahornsirup

Zubereitungszeit: 30 Minuten

Eier, Zucker, Salz und das ausgeschabte Mark der Vanilleschote in einer Schüssel gut verrühren. Milch und Mascarpone dazugeben und das mit Backpulver vermischte Mehl langsam unterrühren, bis ein glatter Teig entsteht.

In einer beschichteten Pfanne mit wenig Fett kleine Pancakes ausbacken und im Backofen (bei 80 °C) warm stellen, bis alle fertig sind.

Die Erdbeeren waschen, 100 g pürieren und den Rest für die Garnitur beiseitestellen.

Die Pancakes mit Puderzucker bestreuen, mit Erdbeerpüree und frischen Erdbeeren garnieren und mit etwas Ahornsirup beträufelt servieren.

MEIN GUTEN-MORGEN-MÜSLI

ZUTATEN FÜR 4 PERSONEN

4 EL zarte Haferflocken
2 EL Hirseflocken
200 ml Milch
100 ml Joghurt
50 ml Sahne
1 Apfel
1 Mango (evtl. Flugmango)
2 Orangen
8 Physalis
3 EL Pinienkerne
80 g geraspelte weiße Schokolade
je 1 EL Honig und Ahornsirup

Zubereitungszeit: 20 Minuten

Die Hafer- und Hirseflocken in eine Schüssel geben, Milch, Joghurt und Sahne dazugeben.

Den Apfel waschen und in das Müsli reiben. Die Mango und die Orangen schälen und das Fruchtfleisch in Würfel schneiden. Die Physalis waschen und klein schneiden. Das Obst zum Müsli geben. Die Pinienkerne in einer Pfanne goldbraun rösten und mit den Schokoraspeln untermischen. Das Müsli mit Honig und Ahornsirup süßen.

MACH MAL
Kaffeepause

Ich liebe den Süden sehr – was ja kein großes Wunder ist, schließlich komme ich aus einem der südlichsten Zipfel Deutschlands. Aber auch wenn ich die Alpen hinter mir lasse und den Gardasee vor mir glitzern sehe, fühle ich mich wie zu Hause. Ganz besonders, wenn ich mich in eine der typischen Bars in Italien oder Spanien stellen kann, wo sie den Espresso heiß und kurz auf den Tresen stellen, dazu die Zuckerdose aufklappen und einen gleich in ein Gespräch über Fußball verwickeln wollen. Der ist mir zwar völlig egal, aber diese simple Art der Gastfreundschaft finde ich einfach einmalig – da kann ich dann gleich die ganze Welt um mich herum vergessen.

Typisch italienisch

So was gönne ich mir auch gerne in Deutschland. Inzwischen findet sich ja in jeder Stadt ein Plätzchen, an dem es einen ordentlichen Kaffee nach italienischer Art gibt. Oft genügt schon ein kleiner Blick hinter die Theke: Steht da eine blitzblanke „macchina" mit vielen Tassen drauf, weiß ich, dass ich hier einen gescheiten Espresso bekommen werde. Wobei ich auch gar nichts gegen Milch im „caffè" habe und sogar am Nachmittag einen Latte macchiato mag, was ja unter Italienern gar nicht geht – daher bitte nicht weitersagen! Außerdem sitze ich gerne beim Kaffee, was in Italien ebenfalls als sehr deutsch gilt. Na ja, ich bin halt auch ein Deutscher.

Kleine Fluchten

Was ich mir aber sofort gerne von den Menschen am Mittelmeer abgeschaut habe, ist diese Lust an der kleinen Pause, die sie beim Kaffee pflegen. Schnell mal aus dem Büro runter zum Barista gehen oder nach Feierabend einen Abstecher auf einen „caffè" oder „aperitivo" machen, bevor es nach Hause geht – das gefällt mir; und wäre unser Landhaus ein Stadthotel, dann wäre auf jeden Fall so eine Bar für die kleinen Kaffeefluchten dabei.

Der perfekte Abschluss

So aber gönne ich meinen Gästen einen Kaffee in aller Ruhe – bei einem großzügigen Frühstück oder nach einem eleganten Menü zum Entspannen. Das ist dann auch der Moment, in dem ich in der Küche meine Messer beiseitelege und zu den Leuten an den Tisch komme, mich auch mal zu ihnen setze und wir miteinander ins Gespräch kommen. Meine ganz persönliche Kaffeepause am Abend. Auch wenn ich selbst da keinen mehr mag – Sie wissen ja, der Schönheitsschlaf!

PINIENKERNWAFFELN
MIT MASCARPONE UND BEEREN

ZUTATEN FÜR 4 PERSONEN

1 Bio-Zitrone
100 g Pinienkerne
4 Eier
100 g Zucker
2 Päckchen Vanillezucker
200 g weiche Butter
150 g Mehl
1 ¹/₂ TL Backpulver
etwas Butter zum Ausbacken
100 g Mascarpone
50 g Joghurt
8 EL Zuckersirup
1 EL Puderzucker
150 g frische Beeren
    z. B. Himbeeren, Blaubeeren,
    Johannisbeeren, Brombeeren

Zubereitungszeit: 35 Minuten

Die Zitrone heiß waschen und die Schale dünn abreiben. Die Pinienkerne fein mahlen. Eier und Zucker schaumig rühren, die weiche Butter zugeben. Mehl und Backpulver mischen, mit Pinienkernen und Zitronenschale unterrühren, bis ein glatter Teig entsteht.

Die Waffeln in einem mit etwas Butter ausgestrichenen Waffeleisen nacheinander ausbacken und im Backofen (bei 80 °C) warm stellen, bis alle fertig sind.

Mascarpone mit Joghurt und Zuckersirup cremig aufschlagen. Die Waffeln auf einem Teller anrichten, mit Puderzucker bestreuen, einen Klecks Mascarpone-Creme daraufgeben und mit Beeren dekorieren.

TIPP
Sehr lecker und leicht nussig schmecken die Waffeln, wenn man den Teig mit Maronenmehl anstatt normalem Weizenmehl zubereitet. An Weihnachten verfeinere ich sie auch gerne mit etwas Zimt, Kardamom und Lebkuchengewürz.

CHILI-RÜHREI
MIT PARMASCHINKEN

ZUTATEN FÜR 4 PERSONEN

8 Eier
2 EL Mascarpone
Salz, Pfeffer
1 rote Chilischote
1 EL Zucker
4 EL Sushi-Essig
3 EL süße Chilisauce
2 Schalotten
1 EL Butter
150 g Parmaschinken in Scheiben

Zubereitungszeit: 20 Minuten

Die Eier in eine große Schüssel aufschlagen, Mascarpone zugeben und zu einer cremigen Masse verrühren. Mit Salz und Pfeffer abschmecken.

Die Chilischote sehr fein würfeln. Mit Zucker, Sushi-Essig und Chilisauce in einen Topf geben, kurz aufkochen und dann etwas einkochen lassen.

Die Schalotten sehr fein schneiden und in einer Pfanne mit Butter anschwitzen. Die Eiermasse dazugeben und unter vorsichtigem Rühren stocken lassen.

Das Rührei mit dem Parmaschinken anrichten und mit Chilisauce beträufeln.

ESSEN KOMMEN,
SONNENSCHEIN
LUNCH

MEIN ANTIPASTI-GEMÜSE
MIT KNUSPRIGEM PARMESAN

ZUTATEN FÜR 4 PERSONEN

Für den Zucchiniring

200 g Zucchini
Meersalz
2 EL Olivenöl

Für die Füllung

2 rote Paprikaschoten
1 kleine Aubergine
5 Schalotten
1 kleine Knoblauchzehe
1 Zweig Thymian
1 Zweig Rosmarin
3 EL Maiskeimöl
8 EL Weißwein
Meersalz
weißer Pfeffer aus der Mühle
Zucker
3 EL weißer Balsamico
4 EL Arganöl oder Olivenöl

Für die Parmesanhippen

150 g Parmesan
Backpapier

Zubereitungszeit: ca. 40 Minuten

Die Zucchini längs in 5 mm dünne Streifen schneiden. Leicht salzen und im Olivenöl in einer Pfanne goldgelb braten.

Paprika und Aubergine waschen, putzen und fein würfeln. Die Schalotten und den Knoblauch abziehen und fein hacken. Die Blättchen vom Thymian und die Nadeln vom Rosmarin abstreifen und evtl. hacken. Das Maiskeimöl erhitzen, Gemüsewürfel, Schalotte und Knoblauch darin anbraten. Mit Thymian und Rosmarin würzen, den Wein angießen und etwa 5 Minuten dünsten. Mit Salz, Pfeffer und Zucker abschmecken und mit Balsamico und Arganöl beträufeln.

Den Backofen auf 180 °C vorheizen. Den Parmesan reiben. Ein Backblech mit Backpapier auslegen, mit dem Parmesan 4 gleich große Kreise aufstreuen und im Backofen etwa 10 Minuten schmelzen lassen. Herausnehmen, auskühlen lassen und die Parmesanhippen vom Backpapier ziehen.

Je 1 Hippe auf einen Teller legen, 2–3 Zucchinizungen zu einem Kreis formen und die Gemüsefüllung hineingeben. Mit frischem Thymian dekorieren.

„MITTAGS MAL PAUSE MACHEN, WAS GUTES ESSEN UND TRINKEN UND DIE ZEIT VERGESSEN – DAS IST FÜR MICH ECHTER LUXUS."

MARINIERTER ZIEGENKÄSE
MIT LAVENDEL UND
IBÉRICO-SCHINKEN

ZUTATEN FÜR 4 PERSONEN

Für das Gemüse

je 1 rote und gelbe Paprikaschote
1 kleine Zucchini
2 Schalotten
2 EL Olivenöl
1 TL Tomatenmark
8 EL Weißwein
1/4 TL Zucker
Meersalz
weißer Pfeffer aus der Mühle

Für den Ziegenkäse

4 kleine Scheiben Ziegenfrischkäse à ca. 80 g
8 Scheiben Ibérico-Schinken
 oder Serrano-Schinken
1 Packung Kataifi-Teig
 (türk. bzw. griech. Blätterteigfäden)
4 EL Olivenöl
Lavendel zum Dekorieren

Zubereitungszeit: 1 Stunde

Die Paprikaschoten waschen, putzen und in kleine Würfel schneiden. Die Zucchini waschen und würfeln. Die Schalotten abziehen und fein hacken.
Das Gemüse und die Schalotten in Olivenöl dünsten. Mit Tomatenmark und Weißwein verfeinern. Mit Zucker, Salz und Pfeffer abschmecken.

Den Backofen auf 180 °C vorheizen. Den Ziegenkäserand mit Schinken umwickeln und diesen wieder mit dem Kantaifi-Teig umwickeln. Auf ein eingefettetes Backblech setzen und 10 Minuten backen.

Etwas Gemüse auf einen Teller geben, darauf den Ziegenkäse setzen und mit Olivenöl und Lavendel dekorieren.

TIPP

Wenn man keinen Kataifi-Teig bekommt, kann man auch
Strudel- oder Brickteig kaufen und in dünne Streifen schneiden.

MACH'S DIR LEICHT MIT

Fisch

Fisch oder Fleisch? Ja, so ein Kalbskotelett, ein Lammrücken oder auch mal eine gute Bratwurst, die haben schon was. Aber wenn ich mich wirklich entscheiden müsste, was willst du in Zukunft nur noch kochen und essen, entweder oder? – dann würde ich auf jeden Fall den Fisch nehmen. Denn leichter lässt sich kaum was Feines auf den Tisch bringen. Ein bisschen Öl in die Pfanne, dazu ein paar feste aromatische Kräuter wie Rosmarin oder Lorbeer, Knoblauch vielleicht oder etwas Chili und darin dann sanft (!) ein Thunfischfilet braten – einfach großartig!

Einfach lecker

Sehr gerne grille ich mir auch ganze Fische, Rotbarben zum Beispiel. Denn zwischen Schuppen und Gräten bekommt das zarte Fleisch ein schön intensives Aroma, das ist ganz ähnlich wie beim Kotelett, das am Knochen gart. Außerdem können noch Kräuter und schnell garende Gemüse in die Bauchöffnung des Fischs gesteckt werden, damit er auch von innen Geschmack bekommt. Dazu dann noch die knusprige Haut – da nehme ich gerne hin, dass ich mit ein paar Gräten kämpfen muss.

Kulinarische Erinnerung

So richtig entdeckt habe ich die Fischküche für mich in meiner Zeit bei Gunther Sachs. Da waren wir oft auf dem Anwesen der Familie in St. Tropez und ich habe fürs Mittagessen die feinsten Sachen auf dem Markt oder im Laden erbeutet: schön große Seezungen, die besser als die kleinen schmecken, oder Seeteufel samt ihrem monströsen Kopf – wenn man ihre exquisiten, völlig grätenfreien und schneeweißen Filets sieht, mag man gar nicht glauben, dass die von so einem hässlichen Fisch kommen können.

Qualität muss sein

Ist der Fisch noch komplett, lässt sich außerdem seine Frische schnell feststellen: klare, gewölbte Augen, feuchte hellrote Kiemen und glänzender Schleim auf der Haut, die ohne Flecken, Risse oder Dellen ist, weisen auf beste Qualität hin. Dazu sollte der Fisch nicht völlig schlapp in der Hand liegen und sein Fleisch fest und elastisch statt weich und nachgiebig sein – das gilt auch beim Filet.
So einen Fisch trage ich dann gerne nach Hause und lege ihn direkt über dem Gemüsefach in den Kühlschrank, denn dort ist es am kältesten. Am besten ist es, ihn noch am selben Tag zuzubereiten. Und mein Faible für Mittelmeerfisch beschränkt sich nicht nur auf die Wahl der Arten, sondern auch auf die Zubereitung: Kurzbraten und Grillen sind da klar meine Favoriten. Mehr dazu auf Seite 130.

LAUWARMER THUNFISCH
MIT ZUCCHINI-PAPAYA-SALAT

Den Thunfisch unter fließendem Wasser abspülen, trocken tupfen und leicht salzen. Eine mit Chiliöl eingefettete Pfanne sehr heiß werden lassen und die Thunfischscheiben von jeder Seite etwa 10 Sekunden braten. Dann mit Chiliöl einstreichen und im Backofen bei 80 °C warm halten.

Die Zitronen gründlich waschen, trocken reiben und längs halbieren. Mit den Schnittstellen in braunen Zucker drücken und mit dem restlichen Chiliöl in der Pfanne karamellisieren.

Für den Salat die Papayas und die Zucchini waschen, putzen und in feine Würfel schneiden. Die Chilischote längs halbieren, die Kerne entfernen und das Fruchtfleisch fein würfeln. Aus Chilisauce, Obstessig und Mango-Chutney eine Marinade herstellen und unter die Salatzutaten mischen. Das Ganze mit Meersalz und Zitronenschale abschmecken.

Den Thunfisch mit dem Zucchini-Papaya-Salat und je $^1/_2$ Zitrone auf Tellern anrichten.

ZUTATEN FÜR 4 PERSONEN

4 Scheiben Thunfisch à 130 g
Meersalz
4 EL Chiliöl
2 unbehandelte Zitronen
2 EL brauner Zucker

Für den Salat

2 kleine, reife Papayas
150 g Zucchini
1 kleine rote Chilischote
5 EL süße Chilisauce
4 EL Obstessig
2 EL Mango-Chutney
Meersalz
$^1/_4$ TL frisch geriebene Zitronenschale

Zubereitungszeit: ca. 45 Minuten

„WENN DU EIN RICHTIG GUTER KOCH SEIN WILLST, BRAUCHST DU SPASS BEI DER ARBEIT, TOLLE KOLLEGEN UND EIN GLAS WEIN."

GEGRILLTE ROTBARBE
MIT SAFRAN UND CHICORÉE

ZUTATEN FÜR 4 PERSONEN

Für die Rotbarben

4 küchenfertige Rotbarben à 180 g
4 Lorbeerblätter
4 kleine Zweige Thymian
1 Zweig Rosmarin
Meersalz
4 EL Olivenöl

Für den Chicorée

4 kleine Chicoréekolben
1–2 EL Butter
1 EL Sesamsamen
1–2 EL Zucker
100 ml Wermut
1 Zitrone
1 Msp. Safran
Meersalz

Zubereitungszeit: 40 Minuten

Die Rotbarben unter fließendem Wasser gründlich reinigen. Von innen und außen mit Salz einreiben. Je 1 Lorbeerblatt, 1 Zweig Thymian und ein paar Rosmarinnadeln in die Bauchhöhle der Fische legen. Die Rotbarben mit Öl bestreichen. Den Grill vorheizen und die Rotbarben etwa 10 Minuten grillen.

Den Chicorée putzen, längs halbieren und den Strunk keilförmig ausschneiden. Die Butter aufschäumen, den Zucker hinzufügen und karamellisieren lassen. Sesam und Chicoréehälften hinzufügen. Mit Wein ablöschen und gut einkochen lassen. Die Zitrone auspressen. Den Chicorée mit Zitronensaft, Safran und Salz abschmecken.

Den Chicorée auf einer Platte anrichten und die gegrillten Rotbarben darauflegen. Das Ganze heiß servieren.

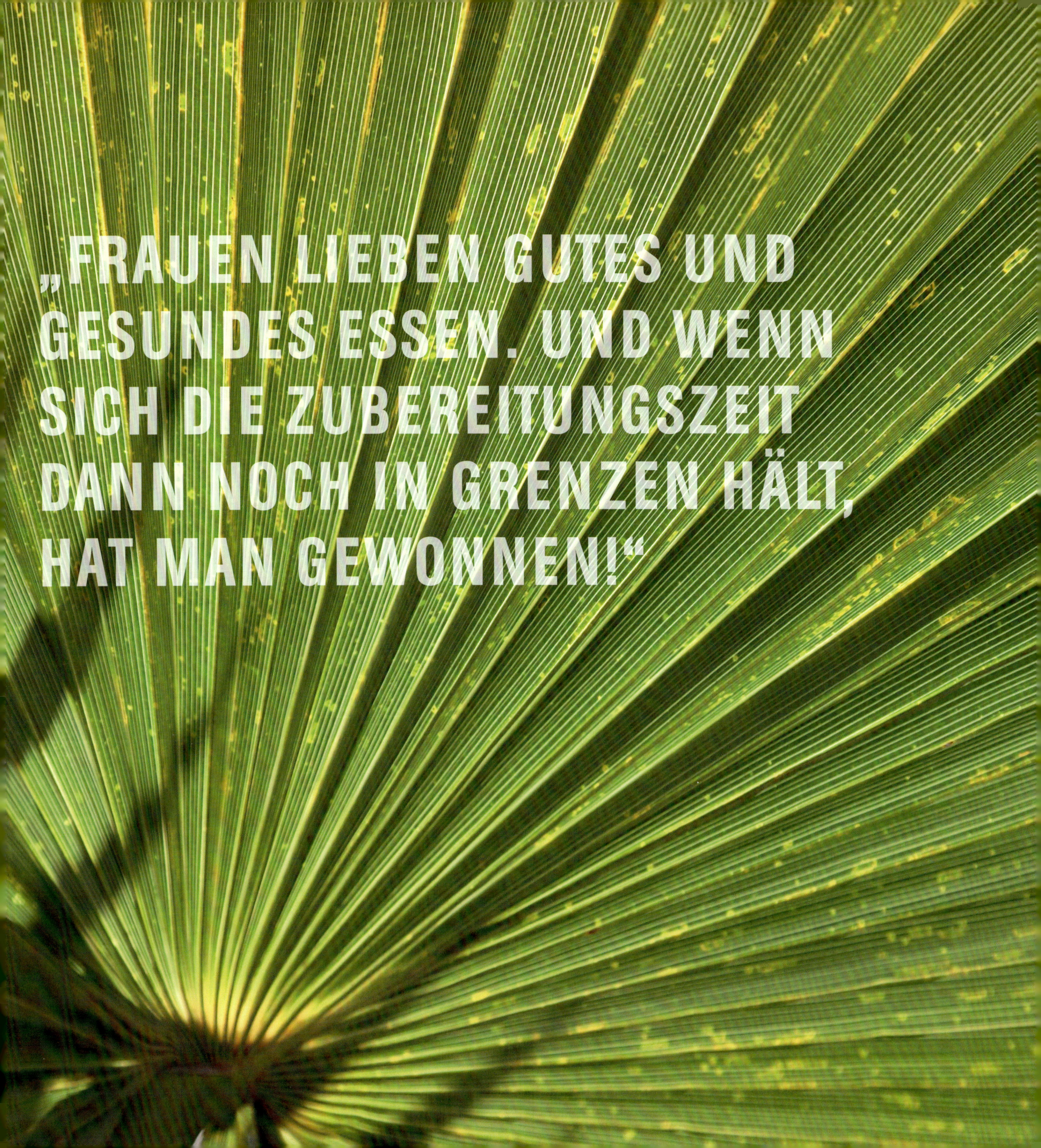

„FRAUEN LIEBEN GUTES UND GESUNDES ESSEN. UND WENN SICH DIE ZUBEREITUNGSZEIT DANN NOCH IN GRENZEN HÄLT, HAT MAN GEWONNEN!"

MEIN GAZPACHO
MIT SEEZUNGE

ZUTATEN FÜR 4 PERSONEN

Für die Suppe

300 g reife, aromatische Tomaten

2 rote Paprikaschoten

100 g Staudensellerie

100 g Fenchel

200 g Salatgurke

4 Scheiben Toastbrot ohne Rinde

10 EL Obstessig

10 EL Olivenöl

250 ml Mineralwasser

5 EL Ketchup

8 Spritzer Tabasco

Meersalz

1 TL weißer Pfeffer aus der Mühle

1 hart gekochtes Ei

Für die Spieße

100 g Seezungenfilet

Meersalz

1 EL fein gehackte glatte Petersilie

1 EL Olivenöl

Für die Brotchips

100 g Baguette

Zubereitungszeit: 45 Minuten

Die Tomaten von Stielansatz und Kernen befreien und würfeln. Die Paprika putzen und in feine Würfel schneiden. 4 EL Paprikawürfel als Einlage zur Seite stellen. Den Staudensellerie und den Fenchel putzen und würfeln. Die Salatgurke schälen, entkernen und fein würfeln. 4 EL Salatgurkenwürfel als Einlage zur Seite stellen. Das Toastbrot grob würfeln. Mit dem vorbereiteten Gemüse, Obstessig, Olivenöl und Ketchup im Mixer pürieren. Das Mineralwasser unterrühren, mit Tabasco, Meersalz und Pfeffer abschmecken und kühl stellen. Das hart gekochte Ei pellen und würfeln.

Das Seezungenfilet in 4 Streifen schneiden. Diese salzen und auf je 1 Holzspieß stecken. Das Öl in einer Pfanne erhitzen und die Seezungenstreifen darin von allen Seiten anbraten und zum Schluss mit der Petersilie bestreuen.

Den Backofen auf 120 °C vorheizen. Das Baguette in hauchdünne Scheiben schneiden und im Backofen 30 Minuten trocknen.

Den Gazpacho auf 4 Tassen verteilen. Die Einlage hineingeben. Den Seezungenspieß auf die Suppentasse drapieren und die Brotchips dazu reichen.

SEETEUFEL
MIT BASILIKUM-FRISCHKÄSE

ZUTATEN FÜR 4 PERSONEN

Für die Auberginen
2 kleine Auberginen
Meersalz

Für die Füllung
400 g Seeteufelfilet
Meersalz
150 g Frischkäse
10 Basilikumblätter
2 EL frisch geriebener Pecorino
5 EL Olivenöl
Zucker
3 Tomaten

Basilikumblätter für die Garnitur
Öl zum Frittieren

Zubereitungszeit: 20 Minuten
Backzeit: 30 Minuten

Den Backofen auf 180 °C vorheizen. Die Auberginen waschen, längs halbieren und auf der Schnittseite salzen. In den Backofen geben und etwa 20 Minuten backen. Auberginen herausnehmen und mit einem Löffel oder Messer aushöhlen. Darauf achten, dass die Schale nicht beschädigt wird.

Die Seeteufelfilets unter fließendem Wasser reinigen und trocken tupfen. Die Filets in 3 cm dicke Scheiben schneiden, salzen und in etwas Olivenöl in einer Pfanne 3 Minuten von jeder Seite braten.

Das abgekühlte Auberginenfleisch grob würfeln und zusammen mit dem Frischkäse, den Basilikumblättern, Pecorino und 4 EL Olivenöl in einen Mixer geben und pürieren. Anschließend mit Salz und Zucker abschmecken.

Die Tomaten über Kreuz einritzen, kurz mit kochendem Wasser überbrühen, mit kaltem Wasser abschrecken, mit einem kleinen Küchenmesser enthäuten, vierteln, entkernen und von den Stielansätzen befreien. In Würfel schneiden und mit dem restlichen Olivenöl beträufeln.

Frischkäsepaste, Tomatenwürfel und Seeteufelfilet in die Auberginenhälften einschichten. Die gefüllten Auberginenhälften für 10 Minuten bei 180 °C in den Backofen stellen.

TIPP
Die Basilikumblätter in wenig heißem Öl kurz frittieren,
auf Küchenkrepp entfetten und die Auberginen damit garnieren.

GEGRILLTE MAKRELE
MIT PEPERONATA UND ROSMARINBUTTER

Die Makrelen waschen, mit Küchenkrepp abtupfen und die Haut schräg einschneiden. Innen und außen mit Salz einreiben. Die Fische mit Lorbeerblättern und Rosmarin füllen und auf jeder Seite 8–10 Minuten grillen.

Für die Peperonata die Paprikaschoten putzen, den Strunk entfernen und die Schoten so lange grillen, bis die Haut schwarz wird. In eine Schüssel geben und mit einem feuchten Tuch abdecken. Anschließend die Haut abziehen und die Schoten in grobe Würfel schneiden. Die Knoblauchzehen schälen, in Scheiben schneiden, in Olivenöl kurz frittieren. Knoblauch, Frittieröl und eine kräftige Prise Salz und Pfeffer mit den Paprikastücken mischen.

Für die Rosmarinbutter Rosmarin hacken und mit Parmesan, Zitronenschale, Meersalz und Pfeffer unter die Butter kneten. Zu einer Rolle formen, in Frischhaltefolie wickeln, kalt stellen. Die Zitrone heiß abspülen, in Scheiben schneiden und mit etwas Zucker bestreuen. Kurz in etwas Olivenöl karamellisieren lassen und mit den Makrelen und der Peperonata anrichten. Die Butter kurz vor dem Servieren auf den Makrelen schmelzen lassen.

ZUTATEN FÜR 4 PERSONEN

Für die Makrelen
4 frische Makrelen à 200 g
   (küchenfertig ausgenommen)
Meersalz
4 Lorbeerblätter
4 kleine Zweige Rosmarin

Für die Peperonata
6 rote Paprikaschoten
8 Knoblauchzehen
8 EL Olivenöl
1 unbehandelte Zitrone
Meersalz, Pfeffer aus der Mühle
Zucker

Für die Rosmarinbutter
1 Zweig Rosmarin
2 EL frisch geriebener Parmesan
$1/2$ TL abgeriebene Zitronenschale
Meersalz, weißer Pfeffer aus der Mühle
100 g weiche Butter

Zubereitungszeit: 30 Minuten

GEGRILLTE LANGOSTINOS
MIT KARAMELLISIERTER WASSERMELONE

Für das Risotto die Kumquats heiß abspülen und in kleine Würfel schneiden. Das Olivenöl erhitzen und den Reis darin glasig dünsten. Mit etwas Hühnerbrühe und Weißwein ablöschen und unter Rühren und Zugabe von Brühe und Wein etwa 18 Minuten quellen lassen. Kumquats und Parmesan unterheben und mit Salz und Pfeffer abschmecken.

Aus Olivenöl, Balsamico, Safran, Salz, Pfeffer und Zucker eine Vinaigrette herstellen. Aus den Wassermelonenscheiben 4 Kreise mit 10 cm Ø ausstechen und in Zucker wenden. Das Öl in einer Pfanne stark erhitzen, zuerst die Melonenscheiben kurz von beiden Seiten anbraten, herausnehmen und warm stellen. Die Pfanne auswischen und die Langostinos darin mit etwas Öl von beiden Seiten braten.

Die Melonenscheiben auf Tellern anrichten, Risotto darauf verteilen und je 1 Langostino auf den Teller setzen. Den Teller mit der Safran-Vinaigrette und Balsamicosirup verzieren.

TIPP
Anstelle der Wassermelone kann man auch Honigmelone oder eine Papaya nehmen. Tolle Variante: Die Scheiben in einer Pfanne mit etwas Zucker leicht karamellisieren, ein paar Scampi darin anschwenken – schmeckt auch ohne Risotto!

ZUTATEN FÜR 4 PERSONEN

Für das Kumquats-Risotto
5 Kumquats
5 EL Olivenöl
100 g Risottoreis
200 ml Hühnerbouillon
100 ml Weißwein
3 EL frisch geriebener Parmesan
Meersalz
weißer Pfeffer aus der Mühle

Für die Safran-Vinaigrette
6 EL Olivenöl
3 EL weißer Balsamico-Essig
2 Msp. Safranfäden
Meersalz
weißer Pfeffer aus der Mühle
Zucker

Für die Langostinos
4 große Scheiben Wassermelone
2 EL Zucker
4 große Langostinos
Olivenöl
Balsamicosirup (Fertigprodukt)

Zubereitungszeit: 1 Stunde

KEINE ANGST VOR

Muscheln

Mit Jakobsmuscheln kriegst du sie alle – jene, die selbst bei Seelachs die Nase rümpfen, und jene, denen Kaviar und sogar Räucherlachs viel zu verdächtig sind, denn das könnte ja nach Luxus schmecken. Wenn ich ein bisschen gemein sein will, serviere ich ihnen kommentarlos meine Linguine mit gegrillten Jakobsmuscheln und Hummerschaum, und wenn sie dann ganz hin und weg sind, sage ich: So schlimm sind Muscheln gar nicht, oder?

Geheimwaffe Jakobsmuschel

Aber ich bin ja fast immer ein Lieber, und in meinen Kochkursen ganz bestimmt. Da lege ich dann diese Muschelschalen hin, die wir alle von der Tankstellenwerbung kennen, und die Jakobsmuscheln daneben (denn man bekommt sie bei uns fast nie frisch in der Schale). Das sieht auf jeden Fall schon mal sehr schön aus, alleine wegen des tieforangen Corails der Muscheln. Das feste Fleisch kann man dann prima in Scheiben schneiden und mit ein wenig bestem Olivenöl, Zitrone und Salz in der Schale unter den Grill schieben – toller Einstieg.

Vorbereitung muss sein

Dann kommt der nächste Schritt – Herzmuscheln oder Venusmuscheln, die uns in Spaghetti Vongole so vertraut sind. Die werden erst einmal kräftig in kaltem Wasser abgespült und ein wenig darin liegen gelassen. Dabei geht es anders als früher nicht ums Entsanden, denn das haben die Händler meistens schon durch kräftiges Ausspülen erledigt und dabei oft auch schon die Bärte entfernt; das

kurze Liegen in eiskaltem Wasser hilft vor allem beim Frischetest: Frische Muscheln schließen sich, wenn man sie unter fließend kaltes Wasser hält. Alle Muscheln, die danach noch stark geöffnet sind, leben nicht mehr und müssen weggeworfen werden.

Dämpfen: feiner als kochen

Gerne werden Muscheln ja mit viel Weißwein gekocht. Das ist aber gar nicht nötig, solange einem der Sud zum Stippen am Schluss nicht wichtiger ist als das Muschelfleisch selbst. Sind die Mengen nicht zu groß, lassen sich die Schalen einfach mit ein paar Aromaten – Knoblauch, Chili, Ingwer, Zitrusschalen, festen Kräutern – kurz in Öl anbraten, dann Deckel drauf, öfters rütteln und 3–4 Minuten dämpfen, bis die Schalen sich geöffnet haben (was jetzt noch zu ist, wird ebenfalls weggeworfen). Nicht zu lange garen, sonst werden die Muscheln gummiartig und zäh. Mehr Zeit und Aufwand braucht es nicht, und der dabei entstehende Sud ist zwar kürzer als gewohnt, aber intensiver – perfekt für erstklassige Spaghetti Vongole! Enjoy your pasta!

LINGUINE
MIT JAKOBSMUSCHELN UND HUMMERSCHAUM

ZUTATEN FÜR 4 PERSONEN

Für die Nudeln

350 g Linguine
Meersalz

Für den Hummerschaum

Schalen von 2 Hummern
2 Schalotten
1 Knoblauchzehe
50 g Staudensellerie
50 g Fenchel
2 EL Olivenöl
1 EL Tomatenmark
8 EL Cognac
200 ml Fischfond
200 ml Noilly Prat
100 ml Weißwein
200 ml Sahne
Meersalz

Für die Jakobsmuscheln

8 Jakobsmuscheln
2 kleine Artischocken
3 EL Öl
Meersalz
Saft von 1 Zitrone
4 Spitzen glatte Petersilie
4 kleine Hummerscheren

Zubereitungszeit: ca. 1 Stunde

Die Nudeln in kochendem, leicht gesalzenem Wasser al dente kochen.

Die Hummerschalen waschen und beiseitestellen. Die Schalotten und den Knoblauch abziehen und fein hacken. Staudensellerie und Fenchel putzen und fein würfeln. Das Olivenöl in einem schweren Topf erhitzen und die Hummerschalen darin anbraten. Dann Schalotte, Knoblauch und Gemüsewürfel hinzugeben und unter Rühren anbraten. Das Tomatenmark unterrühren. Den Cognac über das Gemüse träufeln und entzünden. Mit Fischfond, Wein und Sahne ablöschen und das Ganze 30 Minuten köcheln lassen. Durch ein Haarsieb passieren und mit etwas Meersalz abschmecken.

Die Jakobsmuscheln unter fließendem Wasser reinigen und trocken tupfen. Die Artischocken waschen, den Stielansatz herausbrechen und die Blüten vierteln. Das Öl in einer Pfanne erhitzen, die Artischocken darin ca. 5 Minuten braten. Die Jakobsmuscheln zugeben und unter Wenden ca. 3 Minuten braten. Mit Salz und etwas Zitronensaft abschmecken.

Die Sauce in ein hohes Gefäß geben und mit einem Pürierstab aufschäumen. Die Nudeln auf 4 Tellern anrichten. Den Hummerschaum großzügig über die Nudeln verteilen. Die Jakobsmuscheln und Artischocken darauf anrichten und mit Petersilie und Hummerscheren garnieren.

TIPP

Für dieses leckere Pasta-Gericht nehme ich immer gewalzte Linguine. Weil der Nudelteig fester ist, bleiben sie länger al dente und schmecken besonders gut.

PORCHETTA
MIT OLIVEN UND HONIGSENF

Den Spanferkelrücken etwa 20 Sekunden in kochend heißes Wasser tauchen, anschließend in die Schwarte 5 mm tiefe Streifen schneiden. Dann den Rücken mit der Schwartenseite auf ein Brett legen und flach klopfen.

Den Backofen auf 170 °C vorheizen. Die Oliven fein hacken, mit Honigsenf und Pecorino zu einer Paste verrühren. Die Nadeln vom Rosmarinzweig streifen und fein hacken. Die Paste mit Rosmarin, Salz und Pfeffer abschmecken. Die obere Fleischseite mit der Olivenpaste bestreichen. Danach den Spanferkelrücken aufrollen und mit Küchengarn binden. Den Rücken auf die Fettpfanne setzen und etwa 1 ½ Stunden garen. Kurz vor Ende der Garzeit den Spanferkelrücken salzen und mit Honig bestreichen.

Für die Olivenölmarinade die Chilischote längs halbieren, Kerne entfernen und das Fruchtfleisch sehr fein würfeln. Die Chilischote mit Olivenöl, Zitronensaft und -schale, Petersilie und Mandeln verrühren. Die Marinade mit Salz und Pfeffer abschmecken.

Für die Balsamicosauce die Vanilleschote längs halbieren und das Mark aus der Schote kratzen. Mit Balsamico, Apfelsaft und Rosmarin zum Kochen bringen und auf kleiner Flamme auf ¼ der Menge einkochen lassen. Die Vanilleschote und den Rosmarinzweig herausnehmen und das Ganze mit der Stärke leicht binden.

Den Spanferkelrücken aufschneiden, mit Olivenölmarinade und Balsamicosauce servieren. Dazu passt auch ausgezeichnet geröstete Bruschetta mit Pesto.

TIPP
Dieses Rezept kann man auch mit einer kleinen Kalbsbrust zubereiten, die man mit der Farce bestreicht und aufrollt. Die Oliven lassen sich auch durch Trüffel oder getrocknete und eingeweichte Steinpilze oder Morcheln ersetzen.

ZUTATEN FÜR 4 – 6 PERSONEN

Für die Porchetta
1 kg ausgelöster Spanferkelrücken
    mit Schwarte
150 g schwarze Oliven
4 EL Honigsenf
5 EL frisch geriebener Pecorino
1 Zweig Rosmarin
Meersalz
weißer Pfeffer aus der Mühle
1 EL Honig

Für die Olivenölmarinade
1 rote Chilischote
8 EL Olivenöl
Saft und Schale von ½ Zitrone
1 EL fein gehackte glatte Petersilie
1 EL fein gehackte Mandeln
Meersalz
schwarzer Pfeffer aus der Mühle

Für die Balsamicosauce
1 Vanilleschote
300 ml Balsamico-Essig
100 ml Apfelsaft
1 Zweig Rosmarin
3 Msp. Kartoffelstärke

Zubereitungszeit: 30 Minuten
Garzeit: 1 Stunde 30 Minuten

EIN WUNDERBARER SOMMER-TAG. DIE SONNE SCHEINT. EIN GRUND ZUM FEIERN.

EIN HAUCH VON SCHOKOLADE
MIT HONIGHIPPEN UND ERDBEEREN

ZUTATEN FÜR 4 – 6 PERSONEN

Für die Schokomousse

180 g dunkle Schokolade
1 Ei
2 Eigelb
2 EL Zucker
4 EL Baileys
1 EL Arrak
1 Msp. Zimt
1 TL Nuss-Nougat-Creme
½ Stange Vanille
250 ml Sahne

Für die Hippen

100 g Mehl
50 g gehackte Mandeln
130 g weiche Butter
140 g Honig
350 g Puderzucker

Für die Erdbeeren

200 g Erdbeeren
1 EL fein gehackte Minze
1 ½ EL Puderzucker

Zubereitungszeit: 1 Stunde 30 Minuten
Kühlzeit: 1 Stunde

Für die Schokoladenmousse die Schokolade über dem Wasserbad schmelzen. Das Ei trennen. Die Eigelbe mit Zucker über dem Wasserbad schaumig schlagen. Baileys, Arrak, Zimt, Nuss-Nougat-Creme und Vanillemark nacheinander einrühren. Das Eiweiß und die Sahne getrennt steif schlagen. Die Eigelbmasse abkühlen lassen, Eischnee und Sahne unterheben und die Mousse kalt stellen.

Für die Hippen Mehl und Mandeln mischen. Butter, Honig und Zucker hinzufügen und daraus einen Teig kneten. In Folie einschlagen und etwa 1 Stunde ruhen lassen. Den Backofen auf 180 °C vorheizen. Aus dem Teig Kugeln mit 1,5 cm Ø formen. Diese sehr weit auseinander auf ein mit Backpapier ausgelegtes Blech setzen und 15 Minuten backen. Auskühlen lassen und danach vom Backpapier lösen.

Die Erdbeeren waschen, putzen und würfeln. Die Minze und den Puderzucker unter die Erdbeerwürfel heben. Die Erdbeerwürfel weit verteilt auf großen Tellern anrichten und darauf einen Turm aus Hippen und Schokoladenmousse bauen. Mit einer Hippe beginnen und 1 EL Mousse daraufgeben. Das Ganze viermal wiederholen und fertig ist das Dessert.

BRING DIE

Sonne **IN DEIN ESSEN**

Eine Schale sonnenwarme Erdbeeren, vielleicht mit ein klein wenig Zucker dran, dazu ein frisch gemachtes oder edles gekauftes Vanilleeis – wie will ich so was besser machen? Da kann ich noch so viel pürieren, schäumen oder dekonstruieren, der Geschmack einer guten reifen Erdbeere in Kombination mit Sahnigem ist nicht zu schlagen. Und selbst wenn ich allen Chichi weglasse, ist so eine simple gute Frucht oft das beste Dessert. Eine Handvoll Himbeeren im späten Frühling, eine saftige Spalte Wassermelone im Urlaub am Strand oder ein reifer Gravensteiner im September direkt vom Baum – das ist doch Dolce Vita pur!

Das Aroma macht's

Ich verwende in meiner Küche sehr gerne Früchte und achte genau darauf, dass sie gut gereift sind. Denn nichts ist ärgerlicher als ein bunt schillernder und bildschön dekorierter Dessertteller mit wässrigem Obst. Ich vertraue ohnehin lieber auf das Aroma einer einzelnen Frucht statt auf den wilden Mix von vielen Geschmäckern. Und wenn kombiniert wird, dann wird auch geklotzt: Die Früchte lasse ich möglichst ganz oder schneide sie nicht zu klein, sodass zum Beispiel in einem Obstsalat jedes Stück sich noch behaupten kann.

Der besondere Kick

Gerne gebe ich dem Ganzen dabei noch einen Kick, wie bei der Zitronentarte aus gekochten Früchten oder meinen mit Balsamico eingelegten Kirschen. So ein „Vorratsdessert" ist dann auch toll,

um raffinierte Kombinationen zu schaffen. Warum nicht mal Törtchen mit einem Kompott dazu servieren statt mit Schlagsahne? Aber mit Früchten kann man auch Harmonie statt Kontraste schaffen: eine gegrillte Banane zur Crème brulée, das ist wirklich perfekt.

Raffiniert kombiniert

Dass Früchte nicht nur für die süße Küche was taugen, wissen wir seit Leber Berliner Art und Melone mit Schinken. Aber da geht noch mehr. Feigen zum Beispiel sind toll in Pikantem, zum Beispiel mit Taleggio kombiniert; oder in Balsamico geschmort zur Ente. Trauben und Fenchel sind was Feines zum Lachs (Seite 132). Aber auch mit der guten alten Melone lässt sich viel Neues machen – z. B. ein Granitée zum Hummer-Tatar (Seite 112). Schmeckt nach Sonne, oder?"

GEWÜRZCRÈME BRÛLÉE
MIT GEBRATENER BABYBANANE

Die Vanilleschote längs halbieren und das Mark aus der Schote kratzen. Sahne und Milch zusammen mit den Gewürzen und Zucker in einen Topf geben und unter Rühren erwärmen; nicht kochen lassen. Die Gewürze 10 Minuten darin ziehen lassen, die Vanilleschote herausnehmen.

Den Backofen auf 140 °C vorheizen. Die Eigelbe schaumig schlagen und mit der Gewürz-Sahne verrühren. Das Ganze auf feuerfeste Förmchen verteilen und im Wasserbad im Backofen 40 Minuten pochieren. Die Oberfläche der Crème brûlée mit Zucker bestreuen und mit einem Bunsenbrenner karamellisieren.

Die Babybananen längs halbieren. Die Schnittstellen mit Honig bestreichen und mit Puderzucker bestäuben. Die Butter in einer Pfanne aufschäumen lassen und die Bananenhälften darin kurz karamellisieren.

Die Gewürzcrème brûlée mit je 1 Babybananenhälfte servieren.

TIPP
Manchmal ersetze ich die Milch auch durch Fruchtsaft,
z. B. Mangosaft oder Püree von Himbeeren, Erdbeeren oder
anderen Früchten und garniere die Crème brûlée dann mit
den entsprechenden Früchten.

ZUTATEN FÜR 4 – 6 PERSONEN

Für die Crème brûlée
1 Vanilleschote
350 ml Sahne
100 ml Milch
evtl. 1 gehackte Tonkabohne
1 Msp. Zimt
1 Msp. Kardamom
1 Msp. gemahlene Nelken
80 g Zucker
8 Eigelb
4 EL Zucker zum Gratinieren

Für die Babybananen
2–3 Babybananen
1 EL Orangenhonig
2 EL Puderzucker
2 EL Butter

Zubereitungszeit: 50 Minuten
Garzeit: 40 Minuten

GEEISTES TRAUBENSÜPPCHEN
MIT JOGHURT-STRACCIATELLA-SORBET

Die Trauben waschen, von den Stängeln befreien, halbieren und durch ein Haarsieb oder in der flotten Lotte passieren. Traubensaft auffangen. Die Gelatine in kaltem Wasser einweichen, ausdrücken und in wenig Wasser in einem Topf erwärmen und auflösen. Darauf achten, dass die Gelatine nur flüssig wird, aber nicht kocht.

Die Vanilleschote längs halbieren und das Mark herauskratzen. Mit dem Zucker unter den Traubensaft rühren. Die noch warme Gelatine unter den Traubensaft rühren und kalt stellen. Die blauen Weintrauben waschen, von Stängeln und Kernen befreien und würfeln.

Für das Sorbet Joghurt, Zuckersirup und Limoncello zu einer glatten Masse verrühren. Die Gelatine in kaltem Wasser einweichen. Wenig Wasser in einem Topf erwärmen, die ausgedrückte Gelatine darin auflösen und unter die Joghurtmasse rühren. Die Sorbetmasse in die Eismaschine geben und in etwa 30 Minuten gefrieren lassen. Gegen Ende der Gefrierzeit die Schokoladenraspel hinzufügen.

Die blauen Trauben auf tiefe Teller verteilen und mit dem Traubensüppchen auffüllen. Darauf eine große Kugel Joghurt-Stracciatella-Sorbet setzen und diese mit flüssiger Schokolade verzieren.

ZUTATEN FÜR 4 – 6 PERSONEN

Für das Süppchen
1–1,5 kg weiße Trauben
1 Blatt Gelatine
1 Vanilleschote
1 TL Zucker
20 blaue Trauben

Für das Sorbet
500 g Naturjoghurt
100 ml Zuckersirup
50 ml Limoncello (ital. Zitronenlikör)
1 Blatt Gelatine
80 g dunkle Schokoladenraspel
100 g flüssige dunkle Schokolade

Zubereitungszeit: 1 Stunde
Gefrierzeit: 30 Minuten

JETZT WAS SÜSSES
DOLCI

„KAFFEEZEIT, FREUNDE – WENN ALLE MIT ANPACKEN, KÖNNEN WIR ES UNS GLEICH MAL SO RICHTIG GUT GEHEN LASSEN."

FRISCHKÄSETARTE
MIT BALSAMICOKIRSCHEN

Die Orange heiß waschen und trocken reiben. Die Schale abreiben, den Saft auspressen. Das Mehl auf eine Arbeitsfläche sieben. Eigelb, Butter und Zucker zugeben und zu einem Teig verkneten. Zugedeckt 2 Stunden im Kühlschrank ruhen lassen.

Pinienkerne und Pistazien fein hacken. Mit Orangensaft, Eiern, Vanillezucker, Puddingpulver und Frischkäse verrühren. Den Backofen auf 160 °C vorheizen. Eine Springform (24 cm Ø) einfetten und mehlen. Den Teig ausrollen und die Form damit auskleiden. Mit einer Gabel mehrmals einstechen und die Käsemasse einfüllen. Auf der untersten Schiene etwa 40 Minuten backen.

Inzwischen die Kirschen vom Stiel befreien, waschen und entsteinen. Die Vanilleschote längs halbieren und das Mark herauskratzen. Den Portwein erhitzen und die Kirschen mit Vanillemark und Zucker dazugeben. Zuerst mit der angerührten Stärke leicht andicken. Dann die Gelatine in kaltem Wasser einweichen, ausdrücken und im warmen Portweinsud auflösen. Den Balsamico zum Schluss unterrühren.

Den Kuchen abkühlen lassen. Die Kirschen mit dem angedickten Sud darauf verteilen und 2 Stunden kalt stellen.

Für die Garnitur die Vanilleschote längs halbieren und das Mark auskratzen. Die Chilischote waschen, längs halbieren und die Kerne entfernen. Das Fruchtfleisch sehr fein würfeln. Die Sahne mit Vanillemark und Zucker steif schlagen. Die Tarte mit Sahnetupfern und fein gehackter Chilischote garnieren und servieren.

ZUTATEN FÜR 4 – 8 PERSONEN

Für den Teig
1 Bio-Orange
100 g Mehl
1 Eigelb
50 g weiche Butter
50 g Zucker

Für die Käsemasse
1 EL Pinienkerne
1 EL Pistazien
2 Eier
3 Päckchen Vanillezucker
3 EL Vanillepuddingpulver
500 g Frischkäse

Für den Belag
750 g Kirschen (frisch oder aus dem Glas)
1 Vanilleschote
100 ml roter Portwein
2 EL Zucker
$\frac{1}{2}$ EL Kartoffelstärke
4 Blatt Gelatine
5 EL Balsamico-Essig

Für die Garnitur
1 Vanilleschote
1 rote Chilischote
100 ml Sahne
1 EL Zucker

Zubereitungszeit: 40 Minuten
Kühlzeit: 4 Stunden
Backzeit: 40 Minuten

LAUWARMER APFELKUCHEN
MIT KARAMELL UND ROSMARIN

ZUTATEN FÜR 6 – 8 PERSONEN

Für den Teig
200 g Mehl
100 g Butter
50 ml Wasser
1 Vanilleschote
1 Eigelb
1 Prise Meersalz

Für den Belag
7 Äpfel (z. B. Boskop)
200 g Zucker
100 g Butter
1 Zweig Rosmarin

Für die Vanillesahne
1 Vanilleschote
200 ml Sahne
2 EL Zucker

Zubereitungszeit: 30 Minuten
Kühlzeit: 2 Stunden
Backzeit: 40 Minuten

Das Mehl auf eine Arbeitsfläche sieben. Die Vanilleschote längs halbieren, das Mark herauskratzen. Butter, Eigelb, Vanillemark und Wasser mit Mehl und Salz zu einem Teig verkneten und zugedeckt 2 Stunden im Kühlschrank ruhen lassen.

Inzwischen die Äpfel schälen, vierteln und das Kerngehäuse entfernen. Die Apfelviertel oben lamellenartig einschneiden. Den Backofen auf 180 °C vorheizen.

Den Zucker in einer Pfanne schmelzen, einmal aufschäumen lassen (nicht zu dunkel), in eine Kuchenglasform (30–35 cm Ø) füllen und erkalten lassen. Die Butter aufstreichen. Die Rosmarinnadeln vom Stiel zupfen, mit einem großen Küchenmesser fein hacken und auf der Butter verteilen. Die Apfelviertel mit der eingeschnittenen Seite nach unten kranzförmig auf die Butter legen und 20 Minuten vorbacken.

Inzwischen den Teig etwa $1/2$ cm dick in der Größe der Kuchenform ausrollen. Die Äpfel etwas abkühlen lassen, mit der Teigplatte abdecken und weitere 20 Minuten backen, bis der Teig Farbe hat. Etwas auskühlen lassen und den Kuchen stürzen.

Für die Vanillesahne die Vanilleschote auskratzen. Die Sahne mit Zucker und Vanillemark steif schlagen und zum Kuchen servieren.

MEINE ZITRONENTARTE
À LA SAINT-TROPEZ

Das Mehl auf eine Arbeitsfläche sieben. Mit Butter, Zucker und Eigelb zu einem Teig verkneten und zugedeckt 2 Stunden im Kühlschrank ruhen lassen.

Die Vanilleschote längs halbieren und das Mark auskratzen. Zitronensaft mit Zitronenschale, Zucker und Crème double verrühren. Die Eier und die Eigelbe nacheinander unterrühren. Die Butter erwärmen und mit dem Vanillemark unterheben.

Nach der Kühlzeit den Backofen auf 170 °C vorheizen. Eine Springform (26 cm Ø) einfetten und mehlen. Den Teig ausrollen und die Form damit auskleiden. Mit einer Gabel mehrmals einstechen. Auf den Teig Backpapier legen und mit getrockneten Erbsen beschweren. Den Teigboden etwa 30 Minuten blind backen. Die Erbsen und das Backpapier entfernen und die Cremefüllung auf dem Boden verteilen. Die Tarte weitere 20 Minuten bei 180 °C backen.

Für den Guss die Zitronen heiß abwaschen, die Schale abreiben und das Fruchtfleisch filetieren. Die Gelatine in kaltem Wasser einweichen. Den Prosecco mit Limoncello, Zucker und Zitronenzesten aufkochen und solange kochen, bis die Zesten weich sind. Die Gelatine ausdrücken und in der noch warmen Flüssigkeit auflösen. Die Zitronenfilets mittig als Rosette auf den ausgekühlten Kuchen legen. Den Guss gleichmäßig auf der Tarte verteilen und auskühlen lassen. Zum Schluss den Kuchen mit Puderzucker bestäuben.

ZUTATEN FÜR 4–6 PERSONEN

Für den Teig
150 g Mehl
100 g Butter
50 g Zucker
1 Eigelb
1 Päckchen Vanillezucker
getrocknete Erbsen

Für die Füllung
1 Vanilleschote
120 ml Zitronensaft
Schale von 1 unbehandelten Zitrone
100 g Zucker
120 g Crème double
100 g Butter
3 Eier, 3 Eigelb

Für den Guss
2 Bio-Zitronen
2 EL Zucker
2 Blatt Gelatine
100 ml Prosecco
50 ml Limoncello (ital. Zitronenlikör)
Puderzucker zum Garnieren

Zubereitungszeit: 40 Minuten
Kühlzeit: 2 Stunden
Backzeit: 50 Minuten

BIRNENKUCHEN
MIT EIERLIKÖR

ZUTATEN FÜR 6 – 8 PERSONEN

Für den Teig
200 g Mehl
150 g Butter
100 g Puderzucker
2 Eigelb
1 Vanilleschote
etwas Zitronenschale
getrocknete Erbsen

Für die Birnen
3 reife Birnen
10 EL Weißwein
5 EL Birnengeist
$\frac{1}{2}$ Zimtstange
2 EL Zucker
etwas Zitronenschale

Für den Guss
6 Eier
5 Eigelb
150 g Zucker
10 EL Eierlikör
200 g Mascarpone

Zubereitungszeit: 40 Minuten
Kühlzeit: 30 Minuten
Backzeit: 50 Minuten

Das Mehl mit Butter, Zucker, Eigelb, ausgeschabtem Vanillemark und Zitronenschale zu einem glatten Teig verarbeiten und ca. 30 Minuten kalt stellen.

Den Backofen auf 180 °C vorheizen. Den Teig ca. $\frac{1}{2}$ cm dick auswellen und in eine gefettete Springform (ca. 30 cm Ø) geben. Ein Stück Pergamentpapier darauflegen und mit den getrockneten Erbsen beschweren. Den Teigboden bei 180 °C im vorgeheizten Ofen 10 Minuten blind backen. So geht der Teigrand schön hoch und der Boden bleibt flach.

Währenddessen die Birnen schälen, vierteln und entkernen. Die Birnenviertel mit Weißwein, Birnengeist, Zimt, Zucker und Zitronenschale in einem Topf weich kochen und abkühlen lassen. Die Flüssigkeit sollte dabei ganz verkochen.

Für den Guss Eier, Eigelbe und Zucker schaumig schlagen. Eierlikör und Mascarpone unterziehen.

Die Birnen auf dem vorgebackenen Teig auslegen und den Guss darübergießen. Den Kuchen im vorgeheizten Backofen bei 160 °C ca. 40 Minuten backen.

ETWAS

Süßes

MUSS EINFACH SEIN!

Also ehrlich gesagt, ich bin ja schon ein Süßer – aber nicht so auf die fettig-festliche Art. Mit einer Schwarzwälder Kirschtorte am Sonntagnachmittag könnt ihr mich jagen, und das Zwiebelmuster lasst ihr dann bitte auch gleich im Schrank. Ich mag's beim Süßen lieber pur und anregend, wobei gerne auch eine Spur Saures (Limetten!) und Herbes (Espresso!!) dabei sein darf. That's dolce vita – enjoy it.

Lieber Tartes statt Torten

Das Leben auf mediterrane Art ist reich genug, da braucht es nicht noch große Tortenaufbauten mit viel Crema. Ich liebe diese kleinen Tartes und Törtchen, die da in den Bars und Cafés immer bereitstehen, um einem schnell zwischendurch einen Schuss Zucker zu geben. Und oft sind sie auch das perfekte Dessert im Menü – fix und fertig und nicht zu schwer. Deswegen müssen sie bei mir auch immer was Erfrischendes, Anregendes haben, plus einem gewissen Witz oder einer kleinen Überraschung. Dann bleibt meinen Gästen das ganze Essen unvergessen.

Früchte müssen rein

So finden sich fast immer Früchte in meinem Gebäck oder dazu. Denn für deren Saftigkeit, für deren Spiel zwischen Süße und Säure ist eine solide Basis aus Mehl, Ei und Butter genau die richtige Bühne. Das kann auch so aussehen, dass sich ein Stück vom Gebäck erst einmal vor meinen Gästen versteckt. Beim Tiramisu kennt man das ja – aber wie wär's denn mal mit einem Vanille-Streusel-Eis? Das lässt sich ganz schnell mit fertigen Zutaten machen.

Schau mal ins Keksregal

Und überhaupt: Wer den Zuckerbäcker (österreichisch für Konditor) in sich rauslässt, muss nicht immer gleich den Ofen anheizen. Einfach mal mit kreativem Blick in die Keksabteilung bei einem guten Supermarkt schauen – schon finden sich Löffelbiskuits als Hülle für eine fruchtige Beerencharlotte, Amaretti zum Bröseln auf den Eisbecher „Chez Henze" oder Chocolate Cookies als Basis für einen Käsekuchen aus der Tasse.

Nimm's leicht, dann lieben sie dich

Die Regel heißt also: Beim Nachtisch auch mal an Kuchen denken und bei der Kaffeetafel nicht nur an Torte. Und dabei dem Zuckerbäcker in mir das Leben nicht zu schwer machen – also lieber auf fruchtige Tartes mit simplem Teig statt auf mehrstöckige Kunstwerke aus Cremes und Böden setzen.

EIN TRAUM VON
TIRAMISU

Den Backofen auf 200 °C vorheizen. 1 Eiweiß zu Eischnee schlagen, die Hälfte des Zuckers und die gemahlenen Mandeln nach und nach einrieseln lassen. Die Eigelbe einrühren. Die restlichen Eiweiße zu Eischnee schlagen und den restlichen Zucker einrieseln lassen. Mehl sieben und mit dem Eischnee unter die Eiermasse heben. Unter $1/3$ des Teiges das Kakaopulver mengen und die Masse in einen Spritzbeutel mit Tülle füllen. Ein Blech mit Backpapier auslegen. Den hellen Teig auf dem Blech gleichmäßig verteilen und den dunklen Teig als Längsstreifen daraufspritzen. Den Teig auf der mittleren Schiene etwa 4–6 Minuten backen.

Für die Creme die Eier trennen. Eigelbe mit Zucker schaumig schlagen. Eiweiße steif schlagen. Mascarpone unter die Eigelbmasse rühren und den Eischnee unterheben. Mit Sambuca und Amaretto abschmecken.

Für die Sauce Banyuls und Balsamico in einen Topf geben und auf die Hälfte einkochen lassen. Mit Puderzucker und Waldhonig süßen und mit Stärke binden.

Aus dem Biskuitboden 8–12 runde Böden mit 10 cm Ø ausstechen. Je 2 Scheiben Biskuit mit der Creme auf einen großen Teller schichten. Den Teller mit der dunklen Sauce dekorieren und das Tiramisu mit $1/2$ Honighippe garnieren.

TIPP
Wenn man mal keine „Schichtarbeit" leisten will, kann man den Biskuitboden auch einfach in ein Schälchen geben und die Creme darüber verteilen. Diese Variante lässt sich auch sehr gut vorbereiten.

ZUTATEN FÜR 4 – 6 PERSONEN

Für den Mandelbiskuit

80 g gemahlene Mandeln

130 g Zucker

4–5 Eiweiß

3 Eigelb

60 g Mehl

1 EL Kakao

Für die Creme

4 frische Eier

4 EL Zucker

2 Päckchen Vanillezucker

400 g Mascarpone

4 EL Sambuca

4 EL Amaretto

Für die Sauce

100 ml Banyuls (frz. Süßwein)

100 ml Balsamico-Essig

1 EL Puderzucker

1 EL Waldhonig

$1/4$ TL Stärkemehl

Honighippen zum Dekorieren
   (Rezept s. S. 62)

Zubereitungszeit: 1 Stunde

PANNA-COTTA-TÖRTCHEN
MIT HIMBEEREN

Den Backofen auf 180 °C vorheizen. Die Eier trennen, das Eiweiß zu Eischnee schlagen und den Zucker nach und nach einrieseln lassen. Die verquirlten Eigelbe einrühren. Mehl, Stärke und Backpulver darübersieben und locker unterheben. Ein Blech mit Backpapier auslegen. Den Teig auf dem Blech gleichmäßig verteilen und auf mittlerer Schiene etwa 10 Minuten backen.

Für die Creme die Vanilleschote längs halbieren und das Mark auskratzen. Mascarpone, 300 ml Sahne, Zucker, Vanillemark und -schote in einen Topf geben und einmal aufkochen. Inzwischen die Gelatine in kaltem Wasser einweichen. Aus der aufgekochten Sahne die Vanilleschote entfernen und die Gelatine in die handwarme Creme rühren. Die restliche Sahne steif schlagen und unter die zimmerwarme Creme heben.

Aus dem Biskuitboden runde Böden mit 10 cm Ø ausstechen. Diese in entsprechende Förmchen legen oder mit speziellen Tortenringen umschließen. Die Creme etwa 5 cm hoch einfüllen und das Ganze für 1 Stunde kühl stellen, damit die Creme fest werden kann.

Die Himbeeren verlesen und 20 schöne Himbeeren beiseitestellen. Die restlichen Himbeeren mit Puderzucker und Himbeergeist einkochen. Die Gelatine in kaltem Wasser einweichen, ausdrücken und in der lauwarmen Himbeermasse auflösen. Das Himbeergelee auf der Creme verteilen und wieder kalt stellen.

Die Panna-cotta-Törtchen mit den restlichen Himbeeren und Minzeblättchen garnieren.

ZUTATEN FÜR 4 – 6 PERSONEN

Für den Biskuitboden
4 Eier
100 g Zucker
60 g Mehl
35 g Speisestärke
1/2 TL Backpulver

Für die Creme
1 Vanilleschote
100 g Mascarpone
400 ml Sahne
3 EL Zucker
4 Blatt Gelatine

Für das Himbeergelee
200 g Himbeeren
2 EL Puderzucker
5 EL Himbeergeist
3 Blatt Gelatine
Minzeblättchen zum Garnieren

Zubereitungszeit: 40 Minuten
Backzeit: 10 Minuten
Kühlzeit: 90 Minuten

GEEISTER ESPRESSO
MIT GRAPPA-MILCHSCHAUM

ZUTATEN FÜR 4 – 6 PERSONEN

Für das Parfait

2 Eier
2 EL Zucker
1 Päckchen Vanillezucker
6 EL Prosecco
50 g dunkle Schokolade
2 EL lösliches Kaffeepulver
4 EL Kaffeelikör
200 ml Sahne

Für den Schaum

100 ml Milch
4 EL Grappa
Kakaopulver zum Garnieren

Zubereitungszeit: 40 Minuten
Gefrierzeit: 2 Stunden

Die Eier mit Zucker, Vanillezucker und Prosecco über dem Wasserbad aufschlagen. Die Schokolade grob hacken und über dem Wasserbad schmelzen. Mit Kaffeepulver und Likör unter die Eiermasse geben und dabei kräftig rühren. Die Sahne steif schlagen und unter die abgekühlte Schokomasse heben. Das Ganze auf Espressotassen verteilen und im Gefrierschrank gefrieren.

Die Milch leicht erwärmen und zusammen mit dem Grappa in einem hohen Gefäß mit einem Pürierstab schaumig schlagen. Das Parfait etwa 10 Minuten vor dem Servieren aus dem Gefrierschrank nehmen und vor dem Servieren den Milchschaum darauf verteilen. Mit Kakaopulver garnieren.

TIPP

Dieser geeiste Espresso lässt sich gut vorbereiten und hat die gleiche anregende Wirkung wie sein heißes Pendant. Im Sommer serviere ich ihn gerne meinen Gästen im „Landhaus", er ist immer eine Überraschung, die allen schmeckt.

NACHHER AN DER BAR?

TAPAS

STOCKFISCHPÜREE
MIT THUNFISCH-TATAR

Den Stockfisch 3 Stunden in reichlich kaltes Wasser legen, danach das Wasser abgießen.
Die Milch aufkochen und den Stockfisch darin 15 Minuten ziehen lassen. Das Fischfleisch
von der Gräte lösen und unter Zugabe von Olivenöl und Milch pürieren. Die Konsistenz sollte
der von Kartoffelpüree entsprechen. Zum Schluss mit Knoblauchöl, Zitronensaft und -schale
sowie schwarzem Pfeffer abschmecken.

Den Thunfisch sehr fein würfeln und mit Olivenöl und Salz anmachen. Bechergläser zur
Hälfte mit grobem Meersalz füllen. Das Stockfischpüree in Schnapsgläser füllen und das
Thunfisch-Tatar darauf verteilen. Die gefüllten Schnapsgläser jeweils in ein mit Meersalz halb
gefülltes Becherglas setzen. Mit rotem Pfeffer und Rosmarin dekorieren.

TIPP
Wer Stockfisch nicht mag oder keinen bekommt,
kann ihn auch gut durch Räucherlachs ersetzen.

ZUTATEN FÜR 4 – 6 PERSONEN

Für das Stockfischpüree
300 g gesalzener Stockfisch
300 ml Milch
80 ml Olivenöl
1 EL Knoblauchöl
$^1/_4$ Zitrone
schwarzer Pfeffer aus der Mühle

Für das Thunfisch-Tatar
100 g Thunfisch in Sushi-Qualität
3 EL Olivenöl
etwas Meersalz

grobes Meersalz
roter Pfeffer
Rosmarin

Zubereitungszeit: ca. 1 Stunde

GEBRATENE JAKOBSMUSCHELN
MIT ZIEGENFRISCHKÄSE

Für die Jakobsmuschel

4 Jakobsmuscheln
Meersalz
3 EL Olivenöl

Für die Frischkäsecreme

150 g Ziegenfrischkäse
3 EL Trüffelöl
3 EL Crème double
Meersalz
weißer Pfeffer aus der Mühle

Für den Salat

1 Tomate
1 Lauchzwiebel
10 entsteinte schwarze Oliven
1 rote Chilischote
5 getrocknete Tomaten
3 EL geröstete Pinienkerne
1 EL rotes Pesto (aus dem Glas)
5 EL Olivenöl
5 EL frisch gepresster Limettensaft
Meersalz
weißer Pfeffer aus der Mühle
Zucker

Für die Deko

1 Limette
4 Jakobsmuschelschalen
4 Zweige Rosmarin

Zubereitungszeit: ca. 50 Minuten

Die Jakobsmuscheln gründlich unter fließendem Wasser reinigen, trocken tupfen und salzen. In heißem Olivenöl pro Seite 1 Minute braten. Danach im auf 80 °C vorgeheizten Backofen etwa 15 Minuten nachgaren. Den Ziegenfrischkäse mit Trüffelöl und Crème double glatt rühren. Mit Salz und Pfeffer abschmecken.

Die Tomate von Stielansatz und Kernen befreien und das Fruchtfleisch in Würfel schneiden. Die Lauchzwiebel putzen und in hauchdünne Ringe schneiden. Die Oliven in Ringe schneiden. Die Chilischote putzen. Darauf achten, dass Kerne und Trennwände sorgfältig entfernt werden. Die Schote sehr fein hacken. Die getrockneten Tomaten kurz in kochend heißem Wasser einweichen, abgießen, trocken tupfen und fein würfeln. Alle Zutaten in eine Schüssel geben. Aus Pesto, Olivenöl und Limettensaft ein Dressing anrühren, mit Salz, Pfeffer und Zucker abschmecken. Über die Salatzutaten geben und durchziehen lassen.

Die Schale mit der weißen Haut von der Limette schneiden und die Limettenfilets herauslösen. Den Salat auf 4 Jakobsmuschelschalen verteilen und darauf die Ziegenfrischkäsecreme geben. Je einen Rosmarinzweig durch die Jakobsmuscheln stechen und auf die Ziegenfrischkäsecreme setzen. Mit den Limettenfilets garnieren.

TIPP

Keine Angst: Auch wer kein Freund von Ziegenkäse ist – wie ich zum Beispiel – dieser Ziegenfrischkäse schmeckt angenehm mild und cremig.

„HEY, WIE WÄR'S MAL MIT EINER KLEINIGKEIT ZU ESSEN?"

GEFÜLLTER
KANINCHENRÜCKEN
MIT ZITRONE UND KNOBLAUCH

ZUTATEN FÜR 4 PERSONEN

Für den Kaninchenrücken

2 ausgelöste Kaninchenrücken
    mit Bauchlappen und Nieren
50 g Möhren
50 g Lauch
150 g Kalbsbrät
1 EL gehackte Pistazien
1 TL frisch gehackter Rosmarin
1 EL Crème fraîche
Meersalz
weißer Pfeffer aus der Mühle

Für die gebratenen Nierenspieße

4 Rosmarinzweige
3 EL Olivenöl
4 Knoblauchzehen
4 Scheiben Bio-Zitrone
1/2 TL Meersalz
weißer Pfeffer aus der Mühle

Zubereitungszeit: 1 Stunde 30 Minuten

Die Nieren auslösen, gründlich unter fließendem Wasser reinigen und bei-
seitestellen. Die Möhren und den Lauch waschen, putzen und fein würfeln.
In leicht gesalzenem Wasser blanchieren. Kalbsbrät, Pistazien, Rosmarin,
Crème fraîche und die blanchierten Gemüsewürfel gut vermischen und mit
Salz und Pfeffer würzen.

Die Kaninchenrücken salzen und pfeffern, mit der Brätmasse bestreichen
und aufrollen. Mit Klarsichtfolie und Alufolie fest umwickeln und etwa 15 Minuten in heißem Wasser pochieren.

Für die Nierenspieße jeweils 1 Niere auf einen Rosmarinzweig stecken
und in etwas Olivenöl kurz braten. Mit Salz und Pfeffer würzen und herausnehmen. Knoblauch schälen und in dünne Scheiben schneiden, mit den
Zitronenscheiben und dem restlichen Olivenöl in die Pfanne geben und
kurz erhitzen.

Die Kaninchenrücken aus der Folie wickeln und die Rollen schräg in der
Mitte durchschneiden. Die Kaninchenrücken auf Tellern anrichten, das an-
gemachte Olivenöl angießen und je 1 Nierenspieß dazulegen.

GEFÜLLTE WACHTEL
MIT TRÜFFEL UND LINSEN

ZUTATEN FÜR 4 – 6 PERSONEN

Für die Wachteln

3 küchenfertige Wachteln
100 g Hähnchenbrustfilet
100 ml Sahne
1 Eiweiß
Salz, Pfeffer
30 g eingelegter schwarzer Trüffel oder
    getrocknete Steinpilze oder Morcheln
100 g Puy-Linsen oder Belugalinsen

Für das Dressing

5 EL Noilly Prat
5 EL Weinessig
2 EL Trüffelöl
5 EL Arganöl oder Olivenöl
Salz, Pfeffer, Zucker
1 Süßkartoffel
etwas Milch

Zubereitungszeit: 1 Stunde 30 Minuten

Die Wachtelbrüste auslösen und leicht klopfen. Das Hähnchenbrustfilet sehr fein hacken oder durch die grobe Scheibe eines Fleischwolfes drehen. Fleischmasse mit Sahne und Eiweiß mischen und kräftig mit Salz und Pfeffer abschmecken. Das Ganze im Gefrierschrank anfrieren lassen.

Den Backofen auf 200 °C vorheizen. Inzwischen die Trüffel abtropfen lassen und würfeln. Die Linsen unter kaltem Wasser abspülen und in der 3- bis 4-fachen Menge Wasser weich kochen. Die Farce aus dem Gefrierschrank nehmen, im Mixer fein pürieren und die fein gehackten Trüffel oder getrockneten und eingeweichten Pilze unterheben, noch mal abschmecken. Die Wachtelbrüstchen mit Salz und Pfeffer würzen. 3 Brüstchen nebeneinander auf Alufolie legen, die Farce aufstreichen, die restlichen 3 Wachtelbrüstchen darauflegen. Stramm aufrollen und ca. 15 Minuten auf mittlerer Schiene im Backofen garen. Dann kurz ruhen lassen, die Alufolie entfernen und die Rolle in 2 cm breite Scheiben aufschneiden.

Aus Noilly Prat, Weinessig, Trüffelöl, Arganöl oder Olivenöl, Salz, Pfeffer und Zucker ein Dressing herstellen. Die Linsen abgießen und das Dressing unter die lauwarmen Linsen mengen. Die Süßkartoffel in feine Scheiben hobeln und in 170 °C heißem Fett frittieren. Die Milch erwärmen und aufschäumen.

Die Wachtelscheiben mit den Linsen auf Tellern anrichten und mit Süßkartoffel-Chips und Milchschaum dekorieren.

Hummer & Co.

– FÜR BESONDERE MOMENTE

Glaubt mir, nichts macht mehr Eindruck bei einem Essen als ein Hummer. Erst einmal sieht das enorm gut und sehr, sehr großzügig aus, wenn so ein roter Hammer auf den Tisch kommt. Auch wenn viele dann erst mal ins Grübeln kommen: „Au weia, so viel Mühe und Aufwand nur für mich? Und bitte, wie soll ich den denn jetzt mit Anstand essen?" Ach Leute, lehnt euch einfach zurück und genießt – das Tollste am Hummer und seinen Verwandten ist nämlich, dass man bei ihnen ruhig ein bisschen unanständig sein und mit den Fingern essen darf. Und mit eurem restlichen Hummerkummer kommt einfach zu mir.

Genießen ohne Geiz und Reue

Hummerkummer Nr. 1: „Der ist so teuer!" Richtig, ein Fischfilet ist billiger. Deswegen ist der Hummer für die besonderen Momente im Leben reserviert – und in denen sollte man großzügig sein. Man muss ja nicht satt werden von ihm. Hummerkummer Nr. 2: „Das arme Tier!" Wenn es ums Verderben geht, sind Krustentiere noch empfindlicher als Fisch. Deswegen sollten sie auch bis zum Garen am Leben sein. Und dann ganz professionell, mit dem Kopf voran, ins kochende Wasser geben und danach am besten gleich genießen.

Lasst es ruhig knacken

Hummerkummer Nr. 3: „Der ist so kompliziert!" Gar nicht. Wasser aufkochen, Hummer mit dem Kopf voran hinein und kräftig aufkochen lassen – nach 2 Minuten ist er bereit für Weiteres: Garen in einem würzigen Gemüsesud, den wir Köche „Court Bouillon" nennen. Oder Grillen der Hummerhälften.

Womit wir beim Hummerkummer Nr. 4 wären: „Den kann keiner knacken." Deswegen serviere ich ihn meinen Gästen gerne gegrillt. Da wird er nach 2 Minuten Kochen mit einem großen Messer von mir in zwei Hälften geteilt, die mit der Fleischseite auf den Grill kommen – da gibt es dann die Schale zum Rauslöffeln gleich dazu.

Zugreifen bitte

Aber ich verstehe natürlich auch jeden, dem Hummer oder Langusten eine Nummer zu groß sind. Wie wär's dann mit Scampi, auf Deutsch Kaisergranat – herrlich feines Fleisch, schnell zu garen, leicht zu knacken. Genauso wie Garnelen. Besonders gut schmecken die aus kalten Gewässern, aus der Nordsee etwa, und generell aus der Tiefsee. Diese dann mit ordentlich Knoblauch, Chili und Meersalz in bestem Olivenöl gebraten, dazu ein Baguette, einen kernigen Weißwein und die eigenen zwei Hände zum Zulangen – besser geht's nicht.

„DRAUSSEN KOCHEN UND ESSEN IST FÜR MICH DAS ALLERGRÖSSTE. ENJOY YOUR TIME – MIT GUTEN FREUNDEN.“

POLENTA-TALER
MIT GERÄUCHERTEM STÖR

ZUTATEN FÜR 4 PERSONEN

Für die Polenta-Taler

Meersalz
80 g Maisgrieß
20 g Butter
80 g frisch geriebener Parmesan
1/2 TL frisch gehackter Rosmarin

Für den Belag

2 Blatt Gelatine
400 g geräucherter Stör
150 g Crème fraîche
4 EL Aquavit
1 TL frisch gehackter Dill
150 ml Sahne
Meersalz
weißer Pfeffer aus der Mühle
Majoran zum Garnieren

Zubereitungszeit: 1 Stunde 30 Minuten

Für die Polenta-Taler 250 ml Wasser zum Kochen bringen. Salzen und den Maisgrieß einstreuen. Unter Rühren kochen und 40 Minuten bei reduzierter Hitze quellen lassen. Zum Schluss Butter, Parmesan und Rosmarin unterheben und mit Salz abschmecken. Den Brei auf ein feuchtes Brett 1 cm dick aufstreichen und auskühlen lassen. Dann Taler von 8 cm Ø ausstechen.

In der Zwischenzeit die Gelatine in kaltem Wasser einweichen. 250 g geräucherten Stör mit Crème fraîche pürieren. Den Aquavit erwärmen, die ausgedrückte Gelatine darin auflösen und dann langsam unter die Creme rühren. Mit Dill würzen. Die Sahne steif schlagen und unter die Störcreme ziehen. Mit Salz und Pfeffer abschmecken und im Kühlschrank fest werden lassen.

Je 1 Polenta-Taler mittig auf einen Teller setzen. Darauf den geräucherter Stör in dünnen Scheiben anrichten. Mit einem Esslöffel aus der Störcreme Nocken abstechen und je 1 auf jeden Taler setzen. Zum Schluss mit einem Majoranzweig dekorieren.

TIPP

Für die Polenta-Taler mische ich oft noch klein geschnittene Oliven und getrocknete Tomaten unter den Maisgrieß. Statt Stör passt auch Räucheraal oder Räucherlachs sehr gut dazu.

KNUSPERTALER
MIT LACHS UND KAVIAR

Für die Hippen den Backofen auf 180 °C vorheizen. Parmesan und schwarzen Sesam mischen. Ein Blech mit Backpapier auslegen und darauf mit dem Käse Kreise von 5 cm Ø aufstreuen. Etwa 8 Minuten backen, auskühlen lassen und vom Backpapier lösen.

Die Kartoffeln als Pellkartoffeln garen, schälen und einen Teil der Kartoffeln in dünne Scheiben schneiden. Die restlichen Kartoffeln durch eine Kartoffelpresse drücken, mit Crème fraîche und Olivenöl cremig aufschlagen und salzen.

Den Lachs in dicke Streifen schneiden. Die Parmesanhippen auf einer Platte auslegen, darauf je 1 Kartoffelscheibe legen, mit einem Klecks Kartoffelbrei bestreichen und den Lachs daraufsetzen. Mit Kaviar garnieren.

ZUTATEN FÜR 4 – 6 PERSONEN

Für die Parmesanhippen
80 g frisch geriebener Parmesan
1 EL schwarzer Sesam

Für die Kartoffelpaste
8 kleine Kartoffeln
2 EL Crème fraîche
2 EL Olivenöl
Meersalz

Für den Belag
100 g Balik-Lachs oder Räucherlachs
2 EL Kaviar (oder Forellenkaviar)

Zubereitungszeit: 1 Stunde

GEFÜLLTE MINI-ARTISCHOCKEN
MIT TRÜFFEL UND TATAR

Die Zitrone auspressen und den Saft in eine flache Schüssel mit ausreichend Wasser geben. Die Artischocken halbieren, Stiele anbrechen und das Heu entfernen, die Artischockenhälften in das Zitronenwasser legen.

Das Rinderfilet sehr fein würfeln. Mit etwas Olivenöl beträufeln und mit Salz und Pfeffer würzen. Mayonnaise, Crème fraîche, Quark, Estragon und Trüffelöl miteinander verrühren und ebenfalls mit Salz und Pfeffer abschmecken.

Die Focaccia-Scheiben toasten. Auf jede Scheibe je 1 Artischockenhälfte mit der Öffnung nach oben legen, je 1 Trüffelscheibe und 1 Stange Spargel hineinlegen und jeweils 1 Klecks Dip und 1 Häufchen Tatar daraufsetzen. Mit Fleur de Sel bestreuen.

ZUTATEN FÜR 4 PERSONEN

Für die Mini-Artischocken

1 Zitrone
4 kleine Artischocken
200 g Rinderfilet
3 EL Olivenöl
1 EL Mayonnaise
2 EL Crème fraîche
1 EL Quark
1 EL frisch gehackter Estragon
1 EL Trüffelöl
Meersalz, Zucker
schwarzer Pfeffer aus der Mühle

Zum Anrichten

8 Scheiben Focaccia-Brot
8 Scheiben schwarzer Trüffel
8 Stangen weißer Spargel
Fleur de Sel

Zubereitungszeit: 40 Minuten

TATAR VON HUMMER
MIT MELONEN-GRANITÉE

ZUTATEN FÜR 4 – 6 PERSONEN

Für das Hummer-Tatar

1–2 frische, mittelgroße Atlantik-Hummer

1 EL Meersalz

2 Schalotten

$1/2$ EL Butter

100 ml Weißwein

100 ml Noilly Prat

100 ml Geflügelfond

100 ml Sahne

$1/2$ TL milde Currypaste

$1/2$ TL fein gehackter Ingwer

1 Msp. geschroteter Bergpfeffer

etwas Zucker

Für das Melonen-Granitée

500 g frische Wassermelone

2 Blatt Gelatine

50 ml weißer Portwein

10 ml Havana Club (kubanischer Rum)

Für die Brotchips

10 hauchdünne Scheiben Baguette

glatte Petersilie zum Dekorieren

Zubereitungszeit: 1 Stunde
Backzeit: 1 Stunde

Die Hummer in kochendes Salzwasser geben, 2 Minuten kochen und weitere 10 Minuten im Wasser gar ziehen lassen. Danach in Eiswasser abschrecken, die Hummer ausbrechen und $^3/_4$ des Hummerfleisches fein hacken. Den Rest als Dekoration beiseitestellen.

Die Schalotten abziehen und sehr fein hacken. In Butter anschwitzen und mit Wein, Noilly Prat und Fond ablöschen. Das Ganze um mehr als die Hälfte einkochen. Die Sahne zugeben und noch mal um die Hälfte einkochen lassen. Die Sauce aufmixen, mit dem fein gehackten Hummerfleisch mischen und mit Currypaste, Ingwer, Bergpfeffer, Salz und Zucker abschmecken.

4–6 Dekoschnitze von der Melone beiseitelegen. Das restliche Fruchtfleisch von der Schale lösen, die Kerne entfernen und das Fruchtfleisch mixen. Die Gelatine in kaltem Wasser einweichen. Portwein und Rum erwärmen und die ausgedrückte Gelatine darin auflösen. Mit der Melonenmasse vermengen und in den Gefrierschrank stellen. Die Masse zwischendurch immer wieder umrühren, dabei die zuerst gefrierenden Schichten von Rand und Oberfläche unterrühren, so wird das Granitée feinkörniger.

Für die Brotchips den Backofen auf 100 °C vorheizen. Die Scheiben auf ein Blech legen und 1 Stunde trocknen. Das Granitée in Schälchen füllen und mit den Melonenschnitzen dekorieren. Je 1 Nocke vom Hummertatar abstechen und zusammen mit 1 Stück Hummer auf einem Teller anrichten. Das Granitée danebenstellen. Mit Brotchips und glatter Petersilie dekorieren.

Käse IST EINFACH GENIAL

Mein Lieblingsessen für den kleinen Hunger ist ziemlich simpel: ein Stück knuspriges Ciabatta, das duftet wie frisch aus der italienischen Panetteria, und dazu ein auf den Punkt gereifter, cremiger Taleggio. Dafür lasse ich jedes Soufflé stehen, und eigentlich auch für jedes andere Stück richtig guten Käse. Das liegt ganz bestimmt an meiner Herkunft, das Allgäu ist ja berühmt für seine tolle Milch und die Produkte daraus.

Ein Stück verfeinerte Natur

Aber speziell Käse finde ich einfach wunderbar. Denn die sind großes Handwerk, bei dem es vor allem darauf ankommt, der Natur ihren Lauf zu lassen und ab und zu einzugreifen, damit es besonders gut wird. Genau das ist auch mein Ziel beim Kochen – erstklassige Zutaten so zu nehmen, wie sie sind, und dann behutsam etwas Besonderes daraus zu machen. Damit die Gäste am Ende sagen: „Wow, so toll kann das schmecken."

Sei sanft zu deinem Lieblingskäse

Da ist es dann kein Wunder, dass ich auch gerne mit Käse koche – was ja eigentlich das falsche Wort ist, denn „kochen" sollte man einen feinen Rohmilchbrie oder einen superfrischen Büffelmozzarella niemals. Kurze starke Hitze ist o.k., um zum Beispiel einen Ziegenkäse zu übergrillen, aber wie bei der Pizza oder beim Kartoffelgratin achte ich immer darauf, dass der Käse nicht braun, hart und zäh dabei wird. Ein paar Flöckchen Butter oder einige Spritzer Olivenöl sind da ein guter Schutz. Und der Kern des Käses sollte immer nur ganz sanfte Hitze bekommen, damit er perfekt schmeckt.

(Fast) nichts würzt besser als Parmesan

Käse ist also Supersnack und Wunderzutat für mich – ein Job fehlt trotzdem noch, den er in meiner Küche hat: den des Allround-Gewürzes. Und da liegt der Parmesan bei mir ganz vorne. So wie andere immer eine Prise frisch gemahlenen Pfeffer zum Essen wollen, so reibe ich zu Hause meinen lange gereiften Parmigiano Reggiano über alles Mögliche. Einfach mal den Tomatensalat wie gewohnt machen – und dann ordentlich was drüber. Oder über die Kartoffelsuppe. Und wenn es ein ganz alter ist, hat er immer auch was Süßes – das ist zum Beispiel toll über marinierten Erdbeeren. Nur für Risotto weiß ich noch was Besseres – Taleggio, genau. Aber nicht kochen, versprochen?

MARINIERTER THUNFISCH
MIT PAPAYA UND JAKOBSMUSCHELN

ZUTATEN FÜR 4 PERSONEN

250 g Thunfisch (Sushi-Qualität)
5 EL geröstetes Sesamöl
2 EL süße Chilisauce
2 EL Austernsauce
1 reife Papaya
2 EL Olivenöl
8 kleine Jakobsmuscheln
1/2 TL gehackter Koriander
Meersalz
1 Bund wilder Spargel

Zubereitungszeit: 40 Minuten

Den Thunfisch in etwa 1/2 cm große Würfel schneiden. Aus Sesamöl, Chilisauce und Austernsauce eine Marinade herstellen und den Thunfisch damit übergießen. Die Papaya waschen und längs halbieren. Die Kerne mit einem Esslöffel entfernen, die Papaya schälen und das Fruchtfleisch in Würfel schneiden.

Das Olivenöl erhitzen, die Jakobsmuscheln von beiden Seiten kurz anbraten und mit Koriander und Salz würzen.

Den Spargel kurz in leicht gesalzenem Wasser blanchieren und abtropfen lassen. Papayawürfel unter den Thunfisch mengen und mit Salz abschmecken. Dann in Gläser füllen, darauf die Jakobsmuscheln setzen und mit dem wilden Spargel garnieren.

TIPP
Wer keinen Thunfisch bekommt, kann auch besten frischen
Lachs verwenden – schmeckt auch prima!

WAS FÜR EIN ABEND!
DINNER

PAELLA „CALA MONDRAGO"

Die Hähnchenbrust und das Schweinefilet in Streifen, die Chorizo in dünne Scheiben schneiden. Die Paprikaschoten waschen, putzen und in Streifen schneiden. Die Tomaten waschen, halbieren und in Würfel schneiden. Zwiebeln und Knoblauch schälen und fein würfeln.

In einer großen Pfanne das Olivenöl erhitzen. Das Fleisch darin anbraten. Das Gemüse und die Chorizoscheiben zugeben. Den Reis ebenfalls dazugeben und anschwitzen. Mit Safran, Salz und Pfeffer würzen.

Die Brühe und den Weißwein angießen, einmal umrühren und ca. 18 Minuten köcheln lassen, bis die Flüssigkeit verdampft und der Reis gar ist. Nach 10 Minuten Garzeit die Muscheln und die Gambas dekorativ auf dem Reis arrangieren.

TIPP

Ganz wichtig: Die Flüssigkeit angießen, umrühren und einmal aufkochen lassen. Dann die Temperatur reduzieren und nicht mehr rühren, sonst wird es keine Paella, sondern ein Risotto.

FÜR 6 PERSONEN

500 g Hähnchenbrust
300 g Schweinefilet
200 g Chorizo (scharfe spanische
    Paprikasalami)
2 Paprikaschoten (rot und grün)
2 Tomaten
2 Zwiebeln
5 Knoblauchzehen
5 EL Olivenöl
300 g spanischer Rundkornreis
1 Döschen Safranfäden
Meersalz
schwarzer Pfeffer aus der Mühle
1 l Geflügelbrühe
500 ml Weißwein
300 g Muscheln (Herz-, Mies-
    oder Venusmuscheln)
6 große Gambas

Zubereitungszeit: 45 Minuten

GEBRATENE SEEZUNGE
MIT WILDEM SPARGEL

Die Seezungen häuten, dafür mit einem scharfen Messer die Haut am Schwanzende leicht einritzen und mit einem kräftigen Ruck zum Kopf hin abziehen. Die Mandeln mit heißem Wasser überbrühen, abgießen und auf ein Geschirrtuch geben. Die Haut mit einem kleinen Messer abziehen, danach die Mandeln längs halbieren und in einer beschichteten Pfanne ohne Fett rösten.

Den Kerbel waschen und mit Küchenkrepp trocken tupfen. Die Blättchen von den Stielen zupfen und fein hacken. Die Chilischoten waschen, trocken tupfen, längs halbieren, Kerne und Scheidewände entfernen. Das Fruchtfleisch sehr fein würfeln. Die Zitrone halbieren und auspressen, etwas Schale abziehen und fein würfeln. Aus Limonenöl, Zitronensaft und -schale, Kerbel, Chili und Mandeln eine Marinade herstellen. Mit Salz würzen.

Die Seezungen salzen und in Mehl wenden. Überschüssiges Mehl abklopfen und den Fisch in einem Gemisch aus Butter und Olivenöl von beiden Seiten jeweils 5 Minuten braten.

Das untere Drittel des grünen Spargels schälen, danach den Spargel waschen und in leicht gesalzenem Wasser blanchieren. Danach in Butter anschwitzen. Spargel auf den Tellern verteilen, darauf die gebratene Seezunge legen und mit der Marinade bestreichen.

ZUTATEN FÜR 4 PERSONEN

Für die Seezunge

4 küchenfertige Seezungen à 400 g
100 g Mandeln
$^1/_4$ Bund Kerbel
2 rote Chilischoten
1 Zitrone
5 EL Limonenöl
Meersalz
4 EL Mehl
2 EL Butter
2 EL Olivenöl

Für den Spargel

1 kg wilder oder grüner Spargel
Meersalz
4 EL Butter

Zubereitungszeit: 1 Stunde

BRANZINO
MIT GEFÜLLTEN HONIGTOMATEN

Die Kirschtomaten über Kreuz einritzen, kurz mit kochendem Wasser überbrühen, mit kaltem Wasser abschrecken, mit einem kleinen Küchenmesser enthäuten. Einen Deckel abschneiden und die Tomaten aushöhlen. Mascarpone, Frischkäse, Trüffelhonig und Gemüsewürfel miteinander verrühren und mit Salz und Pfeffer abschmecken. Den Orangenhonig mit etwas Wasser erwärmen und die Tomaten darin kurz ziehen lassen.

Für die Balsamicosauce die Vanilleschote längs halbieren und das Mark auskratzen. Mit Balsamico, Apfelsaft, Zucker, Rosmarin und Honig aufkochen und um $2/3$ einkochen lassen. Zum Schluss die angerührte Stärke einrühren. Die Sauce sollte von sirupähnlicher Konsistenz sein.

Für die Safransauce Vermouth, Orangensaft, Zucker, Safran und Honig aufkochen, um $2/3$ einkochen lassen. Zum Schluss die angerührte Stärke einrühren. Die Sauce sollte von sirupartiger Konsistenz sein.

Die Wolfsbarsche unter fließendem Wasser gründlich reinigen. Von innen und außen mit Salz einreiben. Je 1 Lorbeerblatt und 1 Zweig Rosmarin und Estragon in die Bauchhöhle der Fische legen. Das Öl in einer Pfanne erhitzen und die Wolfsbarsche von beiden Seiten jeweils 5 Minuten braten.

Die Barsche auf einer Platte mit den Honigtomaten anrichten. Mit Balsamico- und Safransauce garnieren.

ZUTATEN FÜR 4 PERSONEN

Für die Tomaten
8 Kirschtomaten
2 EL Mascarpone
2 EL Frischkäse
2 EL Trüffelhonig oder Honig
Gemüsewürfel (z. B. Karotte und Sellerie)
Meersalz
weißer Pfeffer aus der Mühle
2 EL Orangenhonig

Für die Balsamicosauce
1 Vanilleschote
100 ml Balsamico-Essig
100 ml Apfelsaft
1 EL Zucker
1 EL Rosmarinnadeln
1 TL Orangenhonig
$1/4$ TL Kartoffelstärke

Für die Safransauce
100 ml Vermouth
100 ml Orangensaft
1 EL Zucker
2 Päckchen Safran
1 TL Orangenhonig
$1/4$ TL Kartoffelstärke

Für den Fisch
4 küchenfertige Wolfsbarsche (ital. Branzino, frz. Loup de mer) à 400 g
Meersalz
4 Lorbeerblätter
4 kleine Zweige Rosmarin
4 kleine Zweige Estragon
5 EL Olivenöl

Zubereitungszeit: 1 Stunde 30 Minuten

ZUTATEN FÜR 4 PERSONEN

Für den Hummer

2 große Hummer oder
    4 Hummerschwänze
Meersalz
1 Msp. Cayennepfeffer
4 EL Olivenöl

Für das Lauchgemüse

300 g Lauch (nur das Weiße)
3 Schalotten
1 EL Butter
100 ml Weißwein
50 ml Noilly Prat
200 ml Sahne
Meersalz

Für die Venusmuscheln

500 g frische Venusmuscheln
3 EL Olivenöl
100 ml Weißwein
1 Vanilleschote

Für die Sauce

100 ml roter Portwein
100 ml Rotwein
$1/4$ TL Kartoffelstärke
70 g kalte Butter

Zubereitungszeit: 2 Stunden

HUMMER
MIT LAUCHFONDUE UND
VANILLE-VENUSMUSCHELN

Die Hummer in kochendes Salzwasser geben, 3 Minuten kochen und weitere 10 Minuten im Wasser gar ziehen lassen. In Eiswasser abschrecken. Den Hummerschwanz abtrennen, die einzelnen Gliedmaßen (mit Schale) in Scheiben schneiden. Mit Salz und Cayennepfeffer würzen und in Olivenöl von beiden Seiten kurz anbraten. Im Backofen (bei 80 °C) warm halten.

Die weißen Blätter des Lauchs in feine Streifen schneiden. Die Schalotten abziehen und würfeln. Lauch und Schalotten in der Butter glasig dünsten. Mit Weißwein und Noilly Prat ablöschen und einkochen lassen. Die Sahne angießen und 20 Minuten sanft köcheln lassen. Mit Salz abschmecken.

Die Muscheln gründlich reinigen. Geöffnete Muscheln aussortieren. Das Öl erhitzen und die Muscheln darin schwenken. Wein angießen und die Vanilleschote zugeben. Bei geschlossenem Deckel 3 Minuten ziehen lassen. Die nicht geöffneten Muscheln aussortieren.

Für die Sauce den Portwein und 50 ml Rotwein auf $\frac{1}{4}$ einkochen lassen. Die Stärke mit dem restlichen Rotwein anrühren und den Wein damit binden. Die Butter in Scheiben schneiden und nach und nach in die Sauce rühren.

Das Lauchgemüse mittig auf einen Teller platzieren. Die Hummermedaillons darauf verteilen, die Muscheln und die Sauce dazugeben.

Grillen À LA SAINT–TROPEZ

Klar, so ein lange geschmorter Braten am Sonntag hat schon was Festliches und Familiäres. Und ja, während er im Ofen ist, hat man Zeit für viele andere schöne Sachen. Aber früh aufstehen muss man trotzdem! Und Geduld braucht's auch – die ist aber nicht so meine Stärke. Ich bin deswegen eher ein Fan von Fast Cooking mit klasse Zutaten und viel Gefühl. Und was bitte kann einen erstklassiger in Stimmung bringen als Grillen à la Saint–Tropez?

Bester Fisch am schönsten Platz

Das geht so: Ich schnappe mir beim Fischhändler die besten Stücke – das können Seezunge und Hummer sein, Sardinen und Riesengarnelen sind aber auch was Feines – und suche mir den schönsten Grillplatz, den ich kenne. Wenn gerade ein Mittelmeerstrand in der Nähe ist, passt das perfekt; sonst wird es eben die Lieblingsecke im Garten oder an meinem Teich.

Gute Musik und satte Glut

Dort sorge ich erst mal für gute Musik, Drinks mit Esprit und die richtige Mischung von Leuten, dann kann ich mich ums Futter fürs Feuer kümmern: ein bisschen Kleinholz zum Zündeln, obenauf gehäufelt ein paar Treibholzscheite und fürs aromatische Finish trockene Äste vom Olivenbaum (Holzkohlen und Obstbaumäste gehen aber auch). Das dann anzünden und so weit abbrennen lassen, dass die satte Glut von weißer Asche bedeckt ist. Nun wird sie ausgebreitet und ein stabiler Rost darübergeschoben. Jetzt geht es los: Größere Stücke, die länger brauchen, kommen an den Rand des Rosts, wo die Hitze nicht so groß ist, die kleinen feinen Sachen dürfen mehr in die Mitte. Aber wie beim Braten in der Pfanne gilt auch hier: nicht zu viel Gas geben. Denn wer will schon eine fast schwarze Seezunge, die innen noch Sushi ist?

Grillmeister oder Gast? Beides!

Nun die große Frage: Gebe ich den Grillmeister, der seinen Gästen immer wieder ein paar Köstlichkeiten auf den Teller legt? Oder trage ich alles zusammen auf, damit ich mich mit dazusetzen kann? Ich finde einen Mix aus beidem gut: Erst nach und nach ein paar kleine Schweinereien aus dem Stand servieren und dann essen wir alle zusammen zwei, drei Großartigkeiten à la Saint-Tropez. Wer sich vorher zu mir an die Glut gesellt, ist immer willkommen – solange gilt: An der Grillzange kann es nur einen geben.

ZUTATEN FÜR 4 PERSONEN

4 Tranchen Wildwasserlachs à 160 g
    mit Haut, geschuppt
Meersalz
2 EL Mehl
3 EL Olivenöl

Für das Gemüse
200 g blaue Trauben
2 Fenchelknollen
Butter
1 TL Zucker

Für das Kartoffelpüree
400 g mehlig kochende Kartoffeln
50 ml bestes Olivenöl
200 ml Milch
100 ml Sahne
2 EL Kapern
Meersalz

Zubereitungszeit: 30 Minuten

WILDWASSERLACHS
MIT TRAUBEN-FENCHEL-GEMÜSE UND PÜREE

Den Lachs salzen und auf der Hautseite leicht mehlieren. Die Fischfilets mit der Hautseite in eine kalte, beschichtete Pfanne legen und langsam mit etwas Öl kross braten.

Für das Gemüse die Trauben halbieren und die Kerne entfernen. Den Fenchel in feine Stifte schneiden. Alles in Butter anbraten, mit Zucker bestreuen und karamellisieren lassen.

Die Kartoffeln schälen und in Salzwasser weich kochen. Das Kartoffelwasser abgießen und die Kartoffeln 3 Minuten ohne Deckel ausdampfen lassen. Durch eine Presse drücken und mit Olivenöl glatt rühren. Heiße Milch und Sahne zugeben, nicht zu lange rühren. Die Kapern untermischen und das Püree mit Salz abschmecken.

Das Kartoffelpüree auf die Teller verteilen, je 1 Stück Lachs darauflegen und mit dem Trauben-Fenchel-Gemüse servieren.

TIPP
Dieses Rezept lässt sich mit jedem Fischfilet mit Haut zubereiten. Dadurch, dass der Fisch nur auf der Hautseite gebraten wird, bleibt er wunderbar saftig!

RINDERFILET
MIT TRÜFFEL, PECORINO UND ARTISCHOCKEN

Den Backofen auf 80 °C vorheizen. Die Rinderfilets mit Küchengarn in Form bringen und mit Salz und Pfeffer würzen. Olivenöl in einer Pfanne erhitzen und die Rinderfilets von beiden Seiten jeweils 4 Minuten anbraten. Danach im Backofen etwa 30 Minuten nachgaren.

Für die Kruste Trüffelwürfel mit 4 EL Pecorino und Semmelbröseln vermischen. Butter und Trüffelöl unterkneten, mit Pfeffer würzen. Den Backofen auf Grillstufe stellen, die Paste auf den Steaks verteilen und zu einer goldgelben Kruste gratinieren lassen.

Die Artischocken waschen, den Stiel an der Tischkante abbrechen, die äußeren Blätter mit der Hand entfernen, die mittleren direkt über dem Boden mit einem Sägemesser abschneiden, das Heu mit einem Löffel sorgfältig aus dem Boden kratzen.

Die Zitrone auspressen. Wasser zum Kochen bringen, Zitronensaft, eine Prise Zucker und Salz hineingeben. Die Artischocken ca. 10 Minuten bei schwacher Hitze garen. 10 Artischockenböden mit Trüffelsaft, Crème fraîche und 2 EL Pecorino sehr fein pürieren. Mit Salz und weißem Pfeffer abschmecken. Evtl. etwas eindämpfen lassen, sodass es die Konsistenz von Kartoffelpüree hat.

Für die Sauce die Schalotten abziehen, fein hacken und in Butter glasig dünsten. Den grünen Pfeffer hinzufügen und mit Noilly Prat, Portwein und Sahne ablöschen. Die Sauce einkochen und durch ein feines Haarsieb passieren. Die Hälfte der Sauce mit Balsamicosirup verfeinern. Beide Saucen mit Salz und weißem Pfeffer abschmecken.

Die Artischockenböden mit der Artischockenpaste füllen und mit je 1 Trüffelscheibe garnieren. Mit den Rinderfilets und der Sauce auf Tellern anrichten.

TIPP
Der Trüffel lässt sich hier – wie auch bei den meisten anderen Rezepten in diesem Buch – gut durch preiswertere getrocknete und eingeweichte Steinpilze oder Morcheln ersetzen.

ZUTATEN FÜR 4 PERSONEN

Für das Rinderfilet

4 Rinderfilets à 180–200 g
Meersalz
weißer Pfeffer aus der Mühle
2 EL Olivenöl
4 EL gewürfelte Trüffel
6 EL frisch geriebener Pecorino
2 EL frische Semmelbrösel
1 EL weiche Butter
1 EL Trüffelöl
schwarzer Pfeffer aus der Mühle
20 Mini-Artischocken
1 Zitrone
etwas Zucker
10 EL Trüffelsaft
3 EL Crème fraîche
10 Trüffelscheiben zum Dekorieren

Für die Sauce

2 Schalotten
1/2 EL Butter
2 EL eingelegter grüner Pfeffer
100 ml Noilly Prat
100 ml weißer Portwein
100 ml Sahne
2 EL Balsamicosirup

Zubereitungszeit: 1 Stunde 30 Minuten

„SO, BEREIT ZUM GENIESSEN? DANN STARTEN WIR MAL.“

MEIN OSSOBUCO
MIT BAROLO UND GORGONZOLA-POLENTA

ZUTATEN FÜR 4 PERSONEN

Für das Ossobuco

100 g Karotten
100 g Staudensellerie
100 g Schalotten
3 Knoblauchzehen
4 Kalbshaxenscheiben à 250–300 g
Meersalz
weißer Pfeffer aus der Mühle
3 EL Mehl
5 EL Olivenöl
400 ml Barolo
2 Lorbeerblätter
je 1 Zweig Rosmarin und Thymian
4 EL gekochte Trüffel
50 ml Trüffelsaft
2 EL kalte Butter

Für die Zwiebeln

100 g Zwiebeln
1 Knoblauchzehe
2 EL Butter

Für die Polenta

500 ml Geflügelbrühe
500 ml Milch
200 g Maisgrieß
150 g Gorgonzola
Salz
weißer Pfeffer aus der Mühle

Rosmarin zum Dekorieren

Zubereitungszeit: 1 Stunde
Schmorzeit: 2 Stunden

Die Karotten und den Sellerie waschen, putzen und würfeln. Die Schalotten und den Knoblauch abziehen und fein hacken. Die Kalbshaxenscheiben mit Salz und Pfeffer würzen und in Mehl wenden. Den Backofen auf 180 °C vorheizen.

Das Öl in einem Bräter erhitzen und das Fleisch von beiden Seiten anbraten. Schalotten, Knoblauch und Gemüsewürfel zugeben und dünsten. Mit Wein ablöschen, die Kräuter zugeben und das Ganze 2 Stunden im Backofen schmoren lassen. Die Haxenscheiben aus der Sauce nehmen und bei 80 °C warm halten. Die Sauce einkochen. Die Kräuter herausnehmen, Trüffel und Trüffelsaft zugeben. Die Butter in kleinen Würfeln einrühren.

Zwiebeln und Knoblauch schälen. Die Zwiebeln in Scheiben schneiden, den Knoblauch hacken, zusammen in Butter anschwitzen.

Für die Polenta die Hühnerbrühe mit der Milch erhitzen, den Maisgrieß einstreuen. Das Ganze bei milder Hitze 20 Minuten köcheln lassen. Gorgonzola würfeln und unter den Brei rühren. Mit Salz und Pfeffer abschmecken.

Je 1 Kalbshaxenscheibe auf einen Teller geben. Mit Polenta, Zwiebeln und Sauce anrichten und mit Rosmarin und Trüffelscheiben garnieren.

TIPP

Anstelle der Trüffel schmeckt als Garnitur für das Ossobuco auch eine Gremolata sehr gut. Dafür die Schale von 1 unbehandelten Zitrone, 1 Knoblauchzehe, 1 Peperoni und 1 kleines Bund Blattpetersilie fein hacken, mit 50 ml gutem Olivenöl vermischen und mit Salz und Pfeffer würzen.

GEFÜLLTES KALBSKOTELETT
MIT AUBERGINEN UND BALSAMICO

Den Backofen auf 180 °C vorheizen. Die kleine Aubergine putzen und in hauchdünne Scheiben schneiden. In Maiskeimöl frittieren und auf Küchenkrepp entfetten. Die große Aubergine putzen, längs halbieren und auf einem eingefetteten Blech etwa 30 Minuten backen. Herausnehmen und das Fruchtfleisch mit einem Löffel auslösen. Das Auberginenfleisch mit Olivenöl und Balsamico zu einer feinen Paste mixen. Mit Salz, Pfeffer und Zucker abschmecken.

Die Paprikaschoten waschen und putzen, das Fruchtfleisch würfeln. Schalotten und Knoblauch schälen und fein hacken. Mit den Paprikawürfeln in 2 EL Öl andünsten. Mit Weißwein ablöschen, Rosmarin, Tomatenmark und Obstessig zugeben und mit Salz abschmecken. Die Pinienkerne unterheben. Das Ratatouille einkochen, bis es eine feste Konsistenz hat.

Den Backofen auf 80 °C vorheizen. In den Kalbsrücken der Länge nach eine Tasche schneiden, mit Ratatouille füllen und mit Zahnstochern verschließen. Das Fleisch von außen salzen. Das restliche Öl im Bräter erhitzen und den gefüllten Kalbsrücken rundherum anbraten. Im Backofen 70 Minuten garen.

Für die Sauce Rotwein und Portwein mit Honig, Vanilleschote, Rosmarin und Lorbeerblatt aufkochen und auf $^1/_3$ einkochen lassen. Die Butter zum Schluss einrühren und die Sauce mit grünem Pfeffer verfeinern.

Den Kalbsbraten in Scheiben schneiden. Je 1 Scheibe auf einen Teller legen. Aus den Auberginenchips und Püree ein Türmchen bauen und die Sauce um das Fleisch anrichten.

TIPP
Wer keine Gemüsefüllung zubereiten möchte, kann das Kalbskotelett auch einfach mit etwas Pesto füllen.

ZUTATEN FÜR 4 PERSONEN

Für das Auberginenpüree
je 1 kleine und große Aubergine
100 ml Maiskeimöl
4 EL Olivenöl
2 EL Balsamico-Essig
Meersalz
weißer Pfeffer aus der Mühle
$^1/_4$ TL Zucker

Für das Kalbskotelett
2 rote Paprikaschoten
1 gelbe Paprikaschote
3 Schalotten
1 Knoblauchzehe
4 EL Olivenöl
100 ml Weißwein
1 Zweig Rosmarin
1 TL Tomatenmark
3 EL Obstessig
2 EL geröstete Pinienkerne
Meersalz
800 g Kalbsrücken (Kotelettstrang)

Für die Sauce
200 ml Rotwein
200 ml roter Portwein
1 EL Honig
$^1/_2$ Vanilleschote
1 Zweig Rosmarin
1 Lorbeerblatt
1 EL kalte Butter
1 EL grüne Pfefferkörner

Zubereitungszeit: 50 Minuten
Garzeit: 70 Minuten

GEBRATENE ENTENBRUST
MIT BOHNEN UND SÜSSKARTOFFEL-CHUTNEY

ZUTATEN FÜR 4 PERSONEN

Für die Ente

4 Flugentenbrüste mit Haut à 170 g
Meersalz
weißer Pfeffer aus der Mühle

Für die Bohnen

300 g grüne Bohnen (z. B. Keniabohnen)
Meersalz
1 EL Butter

Für das Chutney

400 g Kartoffeln oder Süßkartoffeln
1 Knoblauchzehe
3 EL Mango-Chutney
1 TL frisch geriebener Ingwer
3 Msp. Curry
1 Msp. Kurkuma
1 Msp. Garam Masala
5 EL Obstessig
$\frac{1}{2}$ EL Honig
weißer Pfeffer aus der Mühle

Zubereitungszeit: 1 Stunde

Den Backofen auf 80 °C vorheizen. Die Haut der Entenbrüste mehrfach einschneiden, mit Salz und Pfeffer würzen. Die Entenbrüste mit der Haut nach unten direkt in die noch kalte Pfanne legen. Die Pfanne mit den Brüsten heiß werden lassen und die Haut in etwa 6 Minuten kross braten. Wenden und weitere 2 Minuten braten. Die Entenbrüste anschließend auf ein eingefettetes Blech legen und 30 Minuten im Backofen nachgaren.

Die Bohnen waschen, putzen und in leicht gesalzenem Wasser garen. In ein Sieb abgießen und abtropfen lassen. In Butter anschwitzen und mit Salz würzen.

Die Süßkartoffeln waschen, schälen und würfeln. In leicht gesalzenem Wasser weich kochen. Inzwischen den Knoblauch schälen und fein hacken. Mit Mango-Chutney, Ingwer, Gewürzen, Obstessig und Honig erhitzen. Die Kartoffelwürfel abgießen und unter das Chutney heben. Zum Schluss mit Salz und Pfeffer abschmecken.

Die Bohnen auf einer Platte anrichten, die Entenbrüste darauflegen und mit Süßkartoffel-Chutney servieren.

GNOCCHI
MIT PARMASCHINKEN UND AUSTERNPILZEN

Die Kartoffeln gründlich waschen und als Pellkartoffeln garen, abgießen, schälen und ausdampfen lassen. Durch eine Kartoffelpresse drücken und mit Mehl, Stärke, Parmesan und Eigelb zu einem Kartoffelteig kneten. Mit Salz abschmecken. Aus dem Teig fingerdicke, lange Rollen formen und in 2 cm lange Stücke schneiden. Mit einer Gabel leicht flach drücken.

Inzwischen einen breiten Topf mit ausreichend Wasser zum Kochen bringen. Das Wasser leicht salzen und die Gnocchi portionsweise im siedenden Wasser garen. Schwimmen die Gnocchi an der Oberfläche, sind sie gar. Mit einer Schaumkelle herausnehmen und in einer Pfanne in Butter und Olivenöl anschwitzen.

Für die Sauce die Austernpilze putzen und zu große Pilze in mundgerechte Stücke schneiden. Butter und Öl erhitzen und die Pilze zusammen mit den Kräutern darin anschwitzen. Mit Salz, Pfeffer und Muskat abschmecken.

Die Gnocchi zusammen mit den Austernpilzen und dem Parmaschinken auf tiefen Tellern anrichten.

ZUTATEN FÜR 4 PERSONEN

Für die Gnocchi

1 kg mehlig kochende Kartoffeln
200 g Mehl
1 EL Speisestärke
5 EL frisch geriebener Parmesan
3 Eigelb, Meersalz
etwas Butter und Olivenöl

Für die Beilagen

350 g Austernpilze
2 EL Butter
5 EL Olivenöl
1 EL gehackte Kräuter (z. B. Rosmarin,
    Thymian, Petersilie)
Meersalz
1 Msp. Muskat
weißer Pfeffer aus der Mühle
150 g hauchdünn geschnittener
    Parmaschinken

Zubereitungszeit: 1 Stunde 30 Minuten

GESCHMORTER TINTENFISCH
MIT HONIG-THYMIAN-ZWIEBELN

ZUTATEN FÜR 4 PERSONEN

Für den Oktopus

500 g Fangarme vom Oktopus
50 g geräucherter Bauchspeck
2 Schalotten
2 Knoblauchzehen
2 Tomaten
4 EL Olivenöl
1 TL Tomatenmark
1 Zweig Rosmarin
400 ml Rotwein
200 ml Madeira
Meersalz
weißer Pfeffer aus der Mühle

Für die Zwiebeln

300 g junge, kleine Zwiebeln oder Schalotten
2 EL Zucker
2 EL Butter
200 ml Rotwein
200 ml roter Portwein
1 EL Orangenhonig oder Honig
1 TL Thymianblätter
Meersalz
weißer Pfeffer aus der Mühle

Zubereitungszeit: 1 Stunde 30 Minuten

Die Oktopusarme etwa 30 Minuten in Wasser legen. Inzwischen den Bauchspeck fein würfeln. Die Schalotten und den Knoblauch schälen und fein würfeln. Die Tomaten über Kreuz einritzen, kurz mit kochendem Wasser überbrühen, die Schale abziehen, die Kerne entfernen und das Fruchtfleisch würfeln.

Olivenöl erhitzen, Bauchspeck, Schalotten, Knoblauch und Tomaten darin andünsten. Tomatenmark und Rosmarinzweig zugeben und mit Wein und Madeira ablöschen. Mit Salz und Pfeffer abschmecken und auf die Hälfte reduzieren lassen. Den Backofen auf 170 °C vorheizen. Die Oktopusarme in den Sud geben und darin etwa 1 Stunde garen, dabei immer wieder übergießen. Danach aus der Sauce nehmen und bei 80 °C warm stellen.

Inzwischen die Zwiebeln für die Sauce schälen und halbieren. Mit Zucker in der Butter bräunen. Mit Rotwein und Portwein ablöschen und mit Orangenhonig und Thymian würzen. Die Zwiebeln 45 Minuten schmoren lassen und zum Schluss mit Salz und Pfeffer abschmecken.

Die Oktopusarme mit den Honig-Thymian-Zwiebeln anrichten. Dazu passt Risotto.

GIB GAS BEI *Aromen*

Ich zeig' beim Kochen ja gerne Muskeln. Keine Sorge, das Hemd bleibt dabei an, ich meine damit nur eine Küche, die zupackt statt halb gar zu sein. Deswegen greife ich lieber zum ganzen Fisch statt zum soufflierten Filet und lege den dann auf den Grill statt ihn bei exakt 56 °C im Vakuum-Sud zu garen. Und deswegen liebe ich es auch bei den Aromen so kräftig wie deutlich: Chili und schwarze Pfefferkörner, Olivenöl und Balsamico, Limetten und viele Kräuter sind ein paar dieser eindeutigen Basics in meiner Aromenküche.

Die Kunst des Weglassens

Diese klare Art zu kochen habe ich natürlich nicht alleine erfunden – die Köche und Köchinnen am Mittelmeer und auch aus dem Fernen Osten haben da mit ihrer Inspiration viel mitgeholfen. Und dabei habe ich mich immer wieder an einen Satz erinnert, der mich schon in der Zeit bei Eckart Witzigmann fasziniert hat: „Beim Kochen liegt die Kunst im Weglassen." Fürs Würzen gilt das ganz besonders. Deswegen vertraue ich bei einem Gericht lieber auf die Kraft von ein, zwei Aromen statt auf eine lange Zutatenliste von Gewürzen, die sich irgendwann gegenseitig stören.

Die Balance des Geschmacks

Damit einem sein Essen besonders gut schmeckt und bekommt, braucht es die richtige Balance zwischen den Geschmacksrichtungen süß, sauer, scharf und herb; hinzu kommen noch Salziges und Fettiges, was die Zunge ebenfalls wahrnimmt. Wem das jetzt zu theoretisch klingt, der muss sich keine Sorgen machen – in vielen Zutaten steckt das meiste schon drin. Eine Orange etwa ist sauer und süß, dazu kommt das Herbe der Schale – jetzt noch einen Schuss Olivenöl, eine Drehung Pfeffer und eine Handvoll schwarze Oliven dran, fertig ist der perfekte Orangensalat.

Enjoy your spice!

Von da ist es nur ein Schritt zu weiteren aromatischen Inspirationen: fürs Saure gibt es viele Arten von Essig, Zitrusfrüchte und manche Exoten oder auch die „Essigbeere" Sumach in Orientläden. Oliven, Sardellen, Kapern, Speck oder asiatische Würzsaucen sind nur ein paar Mittel, um sein Essen aromatisch zu salzen – nicht zu vergessen die vielen Salzmischungen, die inzwischen auf dem Markt sind. Und alleine die vielen Chili- und Pfeffersorten ergeben schon 1001 Möglichkeiten, sein Essen mal richtig schön zu verschärfen. Für Süße aller Art sorgen schließlich neben den Zuckerformen von Rohr- bis Palmzucker diverse Arten von Honig, Sirup und Säften oder auch Früchte pur. Also ran an die Aromen – enjoy your spice!

MASCARPONE-SCHOKO-CREME
MIT BLAUBEEREN

ZUTATEN FÜR 4 – 6 PERSONEN

Für die Mascarpone-Creme

1 Bio-Zitrone
250 g Mascarpone
1 EL Rum
1 EL Tia Maria (Kaffeelikör)
2 ¹/₂ Blatt Gelatine
5 Eigelb
80 g Puderzucker
5 Eiweiß
80 g Zucker

Für die Schokoladen-Mousse

200 g Zartbitterkuvertüre
250 ml Sahne
1 Ei
2 Eigelb
1 EL Southern Comfort (Whiskeylikör)

1 Schale Blaubeeren (zum Belegen)

Zubereitungszeit: 50 Minuten
Kühlzeit: 45 Minuten

Die Zitrone heiß waschen, abtrocknen und die Schale abreiben. Saft von einer Hälfte auspressen. Mascarpone mit Rum, Likör und 1 EL Zitronensaft zu einer glatten Creme verrühren. Die Gelatine in kaltem Wasser einweichen.

Die Eigelbe mit Puderzucker über dem Wasserbad schaumig aufschlagen, Mascarpone und Zitronenschale unterrühren und die Gelatine darin auflösen. Die Eiweiße mit dem Zucker steif schlagen und unter die leicht abgekühlte Eigelbmasse heben.

Für die Schoko-Mousse die Kuvertüre grob raspeln und die Sahne steif schlagen. Das Ei, die Eigelbe und den Whiskeylikör über dem Wasserbad schaumig aufschlagen. Die Kuvertüre schmelzen und unter die Eimasse rühren. Vom Wasserbad nehmen, etwas abkühlen lassen und die geschlagene Sahne unterheben.

Eine Kastenform (ca. 20 x 8 cm) mit Klarsichtfolie auslegen. Die Mascarpone-Creme hineingießen und abkühlen lassen. Die Schokoladenmasse darübergießen und die Form kalt stellen, bis die Masse fest ist.

Das fertige Törtchen vorsichtig mit der Klarsichtfolie aus der Form heben. Die Blaubeeren waschen, halbieren und auf das Törtchen legen.

TIPP

Als Dekoration eignen sich Zuckerspiralen sehr gut. Dafür 100 g Zucker (oder Isomalt) in einem Topf bei leichter Hitze schmelzen lassen, bis keine Klümpchen mehr vorhanden sind. Den Karamell abkühlen lassen, bis er zähflüssig ist. Mit einem Löffel etwas von der Masse spiralförmig um den Metallstiel eines Schneebesens wickeln und abkühlen lassen.

FLÜSSIGER SCHOKOLADENKUCHEN
IM GLAS MIT ROSMARINKIRSCHEN

ZUTATEN FÜR 4 PERSONEN

Für die Rosmarinkirschen

50 ml roter Portwein

1 TL Kartoffelstärke

50 ml Rotwein

2 EL Zucker

1 Vanilleschote

1 Zweig Rosmarin

150 g Kirschen

Für den Schokoladenkuchen

100 g weiße Schokolade

3 Eier

100 g Zucker

1 Päckchen Vanillezucker

90 g weiche Butter

80 g Mehl

Zubereitungszeit: 50 Minuten

Für die Rosmarinkirschen 4 EL Portwein mit der Kartoffelstärke verrühren. Den restlichen Portwein mit Rotwein, Zucker, ausgeschabtem Vanillemark und Rosmarin in einem Topf aufkochen und 10 Minuten einkochen lassen. Den Rosmarin entfernen, die Sauce mit der angerührten Stärke abbinden und auskühlen lassen. Die Kirschen entsteinen, das Fruchtfleisch würfeln und zur Sauce geben.

Für den Schokoladenkuchen den Backofen auf 200 °C vorheizen. Die Schokolade grob raspeln. Eier, Zucker und Vanillezucker mit dem Rührgerät schaumig schlagen. Die Schokolade über dem Wasserbad schmelzen, etwas abkühlen lassen und mit Butter und Mehl vorsichtig unter die Eiermasse rühren.

4 feuerfeste Glas-Förmchen zu $^2/_3$ mit dem Schokoladenteig füllen, auf ein Backblech stellen und im Backofen auf der mittleren Schiene 8 Minuten backen.

Den warmen Schokoladenkuchen in den Förmchen servieren und die Rosmarinkirschen extra dazu reichen.

SÜSSE LASAGNE
MIT WEISSER KAFFEE-MOUSSE UND BROMBEEREN

Für die Hippen Mehl, Mandeln und schwarzen Sesam mischen. Mit Butter, Honig und Zucker zu einem Teig verkneten. In Folie wickeln und etwa 1 Stunde ruhen lassen. Den Backofen auf 180 °C vorheizen. Aus dem Teig Kugeln mit 1,5 cm Ø formen. Diese sehr weit auseinander auf ein mit Backpapier ausgelegtes Blech setzen und 15 Minuten backen. Auskühlen lassen und danach vom Backpapier lösen.

Die Sahne mit den Kaffeebohnen kurz aufkochen lassen. Das Ganze ca. 24 Stunden im Kühlschrank durchziehen lassen. Danach die Bohnen abseihen. Die weiße Schokolade grob hacken und über einem warmen Wasserbad schmelzen. Eier mit Zucker, Vanillezucker und Prosecco über einem heißen Wasserbad aufschlagen, die geschmolzene Schokolade unterziehen und die Mousse kalt rühren. Die Sahne steif schlagen und unterheben. Die Mousse in einen Spritzbeutel mit Tülle füllen und 4 Stunden kalt stellen.

Die Brombeeren sorgfältig verlesen und mit kaltem Wasser abbrausen. Auf jeden Teller einen Kreis aus Mousse spritzen, 1 Mandelhippe daraufsetzen, Mousse-Tupfer aufspritzen und die Brombeeren dazwischenlegen. Wieder 1 Hippe daraufsetzen, mit einem Tupfer Mousse und den restlichen Brombeeren garnieren. Mit Puderzucker bestäuben und mit Kaffeebohnen und Minze dekorieren.

TIPP
Das Kaffee-Aroma wird noch intensiver, wenn man die Bohnen schrotet oder hackt und in der Sahne ziehen lässt – sie nimmt so zwar etwas Farbe an, aber das stört ja nicht weiter.

ZUTATEN FÜR 4 PERSONEN

Für die Mandelhippen
100 g Mehl
50 g gehackte Mandeln
2 EL schwarzer Sesam
130 g weiche Butter
140 g Honig
350 g Puderzucker

Für die Füllung
150 ml Sahne
6 EL frische Kaffeebohnen
100 g weiße Schokolade
2 Eier
20 g Zucker
1 Päckchen Vanillezucker
5 EL Prosecco
200 g Brombeeren
Puderzucker, Minze und Kaffeebohnen
    zum Garnieren

Zubereitungszeit: 1 Stunde
Kühlzeit: 24 Stunden

enjoy – FEIERE DEIN LEBEN!

Ich trau mich das ja fast nicht laut zu sagen, aber es ist nun mal so: „Enjoy your life" gilt bei mir jeden Tag. Wenn ich daheim aufstehe, freue ich mich einfach aufs Leben. Und wenn ich auf Tour bin in einer neuen Stadt, dann gehe ich am Abend raus mit Lust auf Neues und lass schon mal die Kuh fliegen. Schauen, was kommt, und daraus das Beste machen, das ist mein Motto, und ich versuche, das an alle weiterzugeben, mit denen ich zu tun habe: meine Gäste, meine Zuschauer, mein Team, meine Familie. Gerade auch dann, wenn es mal nichts zu feiern gibt.

Genieße dein „Talent zum Glück"

Sicher, es gibt immer wieder Sachen im Leben, die lassen sich nicht einfach so wegstecken oder um jeden Preis positiv sehen. Das kenne ich auch. Und ein Sterne-Restaurant samt Hotel führen und live und im Fernsehen auftreten, Bücher konzipieren, Rezepte notieren und dabei stets nah dran sein an den Leuten – das ist natürlich auch Arbeit. Aber es ist die schönste, die ich mir vorstellen kann, deswegen genieße ich das alles auch. Und ich bin mir sicher: Jeder hat ein Talent dafür, sein Glück in ganz alltäglichen Dingen zu finden – man muss halt nur ein bisschen drauf schauen. Und dann gilt in neun von zehn Fällen: Feiere Dein Leben – und zwar jeden Augenblick.

Kleines groß feiern …

Draußen vorm Fenster blüht der Löwenzahn? Freunde anrufen, Grill auf die Terrasse, Steaks aus der Kräutermarinade drauf und ein „Wiesenfest" feiern. Jemand will auf dem Weg in den Italienurlaub kurz mal reinschauen? Prosecco kalt stellen, eine Zitronentarte backen und Mascarpone dazu reichen – und sich mit den Freunden auf den ersten Espresso hinterm Brenner freuen, wenn man schon nicht mitfahren kann.

… und Großes klein feiern

Menschen das Leben zum Fest zu machen, das ist mein Beruf. Der wichtigste Rat dabei ist: Macht euch nicht verrückt, macht euch lieber eine schöne Zeit. Mit einfachen, aber überzeugenden Gerichten, die sich gut vorbereiten lassen. Die ihr gerne kocht und esst. Für Leute, die ihr mögt. Dann fangt ihr ganz automatisch mit Freude an zu kochen und selbst wenn nicht alles auf den Punkt genau klappt, könnt ihr euch doch sicher sein: Das wird ein gutes Fest. Mehr „enjoy" geht nicht.

ENJOY YOUR NIGHT
EDLE SNACKS

KÖCHE SPIELEN EINFACH
GERNE MIT DEM FEUER

EINFACH GUT!
MEINE TRAMEZZINI

ZUTATEN FÜR 4 PERSONEN

100 g Chorizo (scharfe spanische
    Paprikasalami)
150 g Büffelmozzarella
150 g Taleggio
1 rote Chilischote
1 EL Pinienkerne
3 EL Frischkäse
1 EL Crème double
Meersalz
8 Scheiben Tramezzini-Brot
    (oder Toastbrot ohne Rinde)

Für das Pesto
¹⁄₂ Bund Basilikum
1 Knoblauchzehe
4 EL geriebener Parmesan
2 EL Obstessig
10 EL bestes Olivenöl
Meersalz, Pfeffer

Zubereitungszeit: 30 Minuten

Chorizo und Mozzarella in Scheiben schneiden, den Taleggio entrinden. Die Chilischote halbieren und die Kerne entfernen. Die Pinienkerne in einer Pfanne rösten.

Den Frischkäse mit Crème double, Taleggio und Chili langsam in einem Topf erwärmen und die Pinienkerne unterrühren. Mit Salz abschmecken.

Alle Tramezzini-Scheiben mit der Käsecreme bestreichen. Chorizo- und Mozzarellascheiben in der Mitte falten und 4 Brotscheiben damit belegen. Jeweils 1 Brotscheibe darauflegen.

Für das Pesto die Basilikumblätter in grobe Stücke zupfen, mit Salz und der gewürfelten Knoblauchzehe im Mörser zu einer Paste zerstoßen. Den Parmesan untermischen. Den Essig zugeben, das Öl in dünnem Strahl unterrühren, mit Salz und Pfeffer abschmecken.

Die Tramezzini auf einem Teller anrichten und etwas Pesto als Dip dazugeben.

SUPPENTRAUM
AUS TOMATE UND KAROTTE MIT SCAMPI

ZUTATEN FÜR 4 – 6 PERSONEN

Für die Suppe

700 g Strauchtomaten
3 Schalotten
$\frac{1}{2}$ Fenchelknolle
2 EL Butter
1 EL Zucker
1 Vanilleschote
2 Päckchen Safran
1 EL Honig
2 EL grüne Pfefferkörner
1 l Karottensaft
Meersalz
weißer Pfeffer aus der Mühle
2 EL Crème fraîche

Die Strauchtomaten waschen und vierteln, dabei den Stielansatz entfernen. Schalotten schälen und fein hacken, Fenchel putzen und fein würfeln. Die Butter erhitzen und das Gemüse darin andünsten. Die Vanilleschote längs aufschlitzen und das Mark herauskratzen. Zucker, Vanillemark und -schote, Safran, Honig und grünen Pfeffer zum Gemüse geben und alles kurz karamellisieren. Mit Karottensaft aufgießen und 30 Minuten köcheln lassen.

Inzwischen die Scampischwänze auf Holzspießchen stecken und mit Salz und Honig würzen. Das Olivenöl erhitzen und die Scampispieße darin kurz anbraten. Die Nektarine waschen, halbieren, entsteinen und in Spalten schneiden. Je 1 Nektarinenspalte auf den Spieß stecken.

Für die Scampi-Spieße

4 – 8 geschälte Scampischwänze
Meersalz
1 EL Olivenöl
1 TL Honig
1 Nektarine

Die Suppe pürieren und evtl. durch ein Sieb passieren, dann mit Salz und Pfeffer abschmecken. 100 ml Suppe und die Crème fraîche mit dem Pürierstab aufschäumen. Die Suppe auf 4 Gläser verteilen. Den Crème-fraîche-Schaum angießen und mit je 1 Scampi-Spieß garnieren.

Zubereitungszeit: 1 Stunde

SCHWARZWURZELSÜPPCHEN
MIT PARMESAN UND TRÜFFEL

ZUTATEN FÜR 4 PERSONEN

150 g Schwarzwurzeln
1 Zwiebel
1 EL Butter
$^1/_2$ EL Mehl
200 ml weißer Portwein
400 ml Hühnerbrühe
100 ml Sahne
4 EL geriebener Parmesan
8 EL Trüffelöl
100 g Crème fraîche
1 EL Pesto (aus dem Glas)
4–8 Scheiben schwarze Trüffel

Zubereitungszeit: 40 Minuten

Die Schwarzwurzeln mit Handschuhen waschen, schälen und in kleine Stücke schneiden. Die Zwiebel schälen, fein schneiden und mit den Schwarzwurzeln in Butter anschwitzen. Mehl darüberstreuen und mit Portwein ablöschen. Mit Brühe und Sahne auffüllen und 20 Minuten leise köcheln lassen.

Parmesan, Trüffelöl und Crème fraîche zugeben. Die Suppe mit dem Stabmixer pürieren. 50 ml Flüssigkeit abnehmen und das Pesto einrühren.

Die Suppe auf 4 Gläser verteilen, etwas von der Pesto-Creme aufgießen und mit den Trüffelscheiben garnieren.

MEIN HUMMEREINTOPF

Den Hummer in kochendes Salzwasser geben, 2 Minuten kochen und weitere 10 Minuten im Wasser gar ziehen lassen. In Eiswasser abschrecken, das Fleisch ausbrechen, in mundgerechte Stücke schneiden und für die Einlage beiseitestellen. Die Karkassen in kleine Stücke schneiden.

Die Schalotten abziehen und fein würfeln. Fenchel und Staudensellerie putzen und fein würfeln. Das Öl erhitzen, Schalotten, Gemüse und Karkassenstücke darin anbraten, mit Brühe, Fond und Noilly Prat ablöschen. Die Gewürze zugeben und das Ganze 2 Stunden köcheln lassen. Den Hummerfond durch ein Sieb passieren.

Inzwischen den Spargel im unteren Drittel schälen und in leicht gesalzenem Wasser blanchieren. Die Tomaten über Kreuz einritzen, kurz mit kochendem Wasser überbrühen und häuten. Den Hummerfond erwärmen. Hummerfleisch, Farfalle und Gemüseeinlage hineingeben und mit Estragon, Safran und Salz abschmecken.

Den Hummereintopf auf 4 Tassen verteilen und mit frischen Kräutern garnieren.

ZUTATEN FÜR 4 PERSONEN

Für die Suppe
1 mittelgroßer Hummer
3 Schalotten
$1/2$ Fenchelknolle
2 Stangen Staudensellerie
3 EL Olivenöl
300 ml kräftige Hühnerbrühe
300 ml Fischfond
300 ml Noilly Prat
2 Nelken
2 Lorbeerblätter
2 Pimentkörner

Für die Einlage
80 g wilder Spargel
Meersalz
8 Kirschtomaten
100 g gekochte Farfalle-Nudeln
1 EL frisch gehackter Estragon
2 Päckchen Safranfäden
frische Kräuter zum Garnieren

Zubereitungszeit: ca. 30 Minuten
Garzeit: 2 Stunden

RINDERFILETGULASCH
MIT FLÜSSIGER POLENTA

ZUTATEN FÜR 4 PERSONEN

Für das Gulasch
400 g Rinderfilet
3 Schalotten
80 g Möhren
80 g Zucchini
2 EL Olivenöl
$\frac{1}{2}$ EL Honigsenf
$\frac{1}{2}$ EL Rotisseur-Senf
100 ml Rotwein
100 ml roter Portwein
Meersalz
schwarzer Pfeffer aus der Mühle

Für die Polenta
500 ml Hühnerbrühe
1 Prise Meersalz
160 g Maisgrieß
30 g frisch geriebener Parmesan
30 g frisch geriebener Pecorino
$\frac{1}{2}$ EL frisch gehackter Rosmarin
40 g Butter
Thymian zum Dekorieren

Zubereitungszeit: 1 Stunde

Das Rindfleisch in 2 cm große Würfel schneiden. Den Backofen auf 80 °C erhitzen. Die Schalotten abziehen und würfeln. Die Möhren und die Zucchini putzen und ebenfalls würfeln.

Die Fleischwürfel in Öl kräftig anbraten, herausnehmen und im Backofen warm halten. Schalotten, Möhren und Zucchini im Bratensatz anbraten. Die beiden Senfsorten hinzugeben und Rotwein und Portwein angießen. Das Ganze kräftig einkochen lassen und mit Salz und Pfeffer abschmecken. Das Fleisch in der Sauce erwärmen.

Für die Polenta die Hühnerbrühe erhitzen, salzen und den Maisgrieß einstreuen. Bei milder Hitze 20 Minuten köcheln lassen. Käse, Rosmarin und Butter unterheben.

Das Rinderfiletgulasch auf 4 Gläser verteilen und die Polenta darübergießen. Mit Thymian dekoriert servieren.

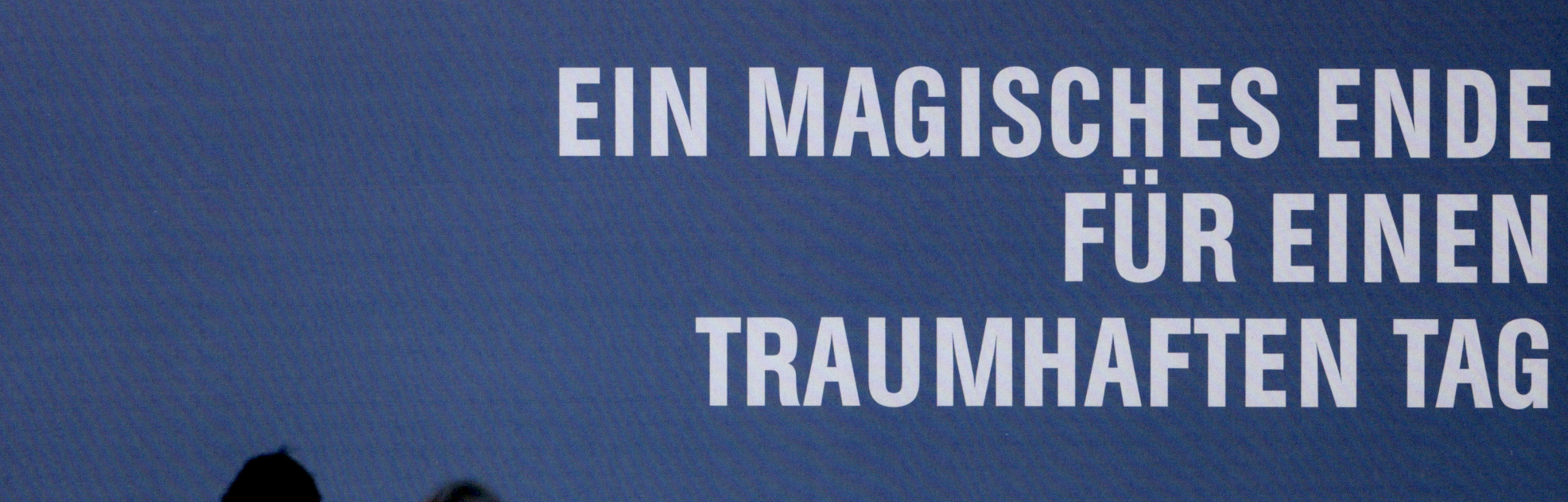

EIN MAGISCHES ENDE FÜR EINEN TRAUMHAFTEN TAG

enjoy your life

Während des Fotoshootings für dieses Buch, das auf Mallorca gemacht wurde, hatten alle Beteiligten jede Menge Spaß.
Die Hauptakteure sind auf diesem Foto versammelt:
Martin Wolf (Mitte, stehend) hat nicht nur die Rezepte perfekt in Szene gesetzt, sondern auch alle anderen Fotos für „Enjoy your life" gemacht. Kreative Unterstützung bekam er dabei von Christiane Muth-Grannemann (Dritte von links), die für das Styling und die Models (von links nach rechts: Anja, Camilla, Maik und Frieda von www.imm-models.com) zuständig war, und auch von seiner Assistentin Katja Bach (Dritte von rechts). Und meine beiden Köche Benjamin Alt (rechts) und Lukas Meyers (Zweiter von rechts) haben mich tatkräftig bei der Zubereitung der Gerichte für das Shooting unterstützt.

Wir bedanken uns ganz herzlich bei den Besitzern des „Sa Bassa Rotja" in Porreres dafür, dass wir Küche, Pool und Garten so intensiv nutzen konnten – die wunderschöne Finca war die ideale Location für unser Fotoshooting!

IMPRESSUM

Mit 120 Farbfotos und 20 Schwarzweißfotos von Martin Wolf, Winningen
Foto S. 179: Jörg Eberl

Umschlaggestaltung von solutioncube GmbH, Reutlingen
unter Verwendung von Fotos von Martin Wolf

Für die freundliche Unterstützung bei der Fotoproduktion bedanken wir
uns bei:
ASA Selection GmbH
Home by ASA
Decó Cubo Interior S.L.
Calle Santo Domingo 10
E 07001 Palma de Mallorca

Nestlé Waters AG
Ostmann Gewürze GmbH, www.ostmann.de
Unifa GmbH United Fashion Agency, Düsseldorf (Nicole-Beatrice Hubert)

Miguel Torres S.A.
E 08720 Vilafranca del Penedès
Bezugsquellen über Wein Wolf (0228-4496580, www.weinwolf.com)

Unser gesamtes lieferbares Programm und viele
weitere Informationen zu unseren Büchern,
Spielen, Experimentierkästen, DVDs, Autoren und
Aktivitäten finden Sie unter www.kosmos.de

Gedruckt auf chlorfrei gebleichtem Papier

© 2009, Franckh-Kosmos Verlags-GmbH & Co. KG, Stuttgart
Alle Rechte vorbehalten
ISBN 978-3-440-11746-0
Texte: Sebastian Dickhaut
Styling: Christiane Muth-Grannemann, Düsseldorf
Fotoassistenz: Katja Bach
Projektleitung: Dr. Eva Eckstein
Redaktion: Anna Ziegler, Marlein Auge
Layout und Satz: solutioncube GmbH, Reutlingen
Produktion: Eva Schmidt
Printed in Germany / Imprimé en Allemagne

EIN GROSSES

Dankeschön

an meine Frau Pia, die immer an mich glaubt, mich unterstützt und das Unternehmen „Christian Henze" so erfolgreich mitgestaltet hat. Ich möchte Danke sagen für ihre Geduld, die Mühe und Aufregung, die sie mit mir hat.

Ein Danke auch an meine beiden Kinder Alina und Noah, für die intensive und erlebnisreiche Zeit, die ich mit ihnen – leider etwas zu selten – beim Spielen, Toben und auch mal beim Zelten verbringen kann. Die beiden sind mein ganzer Stolz.

Danke auch an meine Mitarbeiter, die unermüdlich mit mir an einem Strang ziehen, insbesondere an meinen hochgeschätzten Küchenchef und Freund Frank Aldinger.

Und last but not least kann so ein Buchprojekt natürlich nie ohne Freunde und gute Bekannte entstehen. Danke für die Ideen und Hinweise und auch für die Kritik, die ich von euch bekommen habe.

Christian Henze
www.christianhenze.de

Spaß am Kochen mit Christian Henze!

Christian Henze
Für Kinder kochen
120 Seiten, 100 Farbfotos
€/D 14,95; €/A 15,40; sFr 27,90
ISBN 978-3-440-11483-4

- Tägliche Herausforderung: Kochen, was Kindern wirklich schmeckt

- Christian Henzes Rezepte zeigen, wie einfach und schnell sich jeden Tag leckere und ausgewogene Gerichte zubereiten lassen – Powerfrühstück, Pausensnacks, Lieblingsrezepte oder raffiniertes Fingerfood für die Geburtstagsparty!

Christian Henze
Iss was?!
120 Seiten, 100 Farbfotos
€/D 12,95;
€/A 13,40; sFr 24,90
ISBN 978-3-440-10732-4

- Die besten Rezepte des Starkochs Christian Henze aus der Fernsehküche

Christian Henze
Iss was?! Band 2
120 Seiten, 90 Farbfotos
€/D 12,95;
€/A 13,40; sFr 24,90
ISBN 978-3-440-11314-1

- Für noch mehr Genuss – neue Rezepte aus der Fernsehküche

KOSMOS